인재의 반격

맥락을 읽고 민첩하게 행동하는 사람들의 부상

인재의 반격

신태균 지음

쌤앤
파커스

차례

지금까지 없던 인재

'생존'에 대하여 제대로 배울 수 있는 자연의 교과서가 있다. 바로 아프리카의 세렝게티 국립공원이다. 세렝게티에 서식하는 동물을 관찰하며 우리가 배울 수 있는 교훈은 크게 2가지다. 하나는 환경의 저주를 피하는 법이고, 다른 하나는 생존을 확보하기 위한 필요 조건, 즉 생존 조건에 대한 소중한 가르침이다.

첫 번째 교훈에서 우리는 변화와 이동의 함수 관계를 파악할 수 있다. 아프리카 사바나 초원에 사는 동물들은 1년에 두 차례씩 수개월에 걸친 대이동을 한다. 우기와 건기라는 그 지역의 기후 특성 때문이다. 건기가 오면 초원은 온통 사막으로 변한다. 이 시기에 세렝게티에서는 누 떼와 얼룩말 무리 등 약 250만 마리의 초식동물이 먹이와 물을 찾아 1000km 이상 대이동을 하게 된다. 이때를 놓치지 않고 사자, 치타, 하이에나, 악어 등 각종 포식자가 기다렸다는 듯이 나타나 사냥을 시작한다. 초식동물이 피해야 할 것은 새로운 환경과 포식자, 둘 다이다. 그렇다고 포식자에게 잡아 먹히는 게 두려워서 이동을 하지 않는 동물은 없다. 기후가 바뀌기 전에 이동하지 않으면 생존 확률은 제로이기 때문이다.

두 번째 교훈은 가뭄과 포식자라는 두 종류의 도전을 피해서 살아내기 위한 생존 조건이다. 1년에 두 차례의 변화가 상존常存하는 아프리카에서 생존하기 위한 조건은 속도speed가 아닌 기동력, 다시 말해 '민첩성agility'이다. 평상시 아프리카 초원에서는 속도가 생존을 좌우한다. 알다시피 빠른 자가 느린 자를 잡아먹는 것이 초원 생태계의 법칙이다. 그러나 모든 것이 이동하는 변화의 시대에는 속도보다 민첩성이 생존을 좌우한다. 변화의 시점을 제때 파악해 유연하게 이동하는 동물만이 가혹한 변화의 세계에서 살아남을 수 있다.

속도와 민첩성은 어떻게 다를까? 둘 다 속도와 관련된 개념이지만 미묘한 차이가 있다. 예를 들어보자. 치타는 대표적인 초원의 승부사다. 순간 최고 속력이 시속 110~120km로 동물 중 단연 최고의 빠르기를 자랑한다. 가히 바람의 승부사다. 토끼도 빠른 동물이긴 하지만, 시속 75km 정도이므로 치타만큼 빠르지 않다. 물론 체구도 작다. 그러나 민첩한 토끼는 종종 치타를 따돌린다. 그 이유는 무엇일까? 토끼의 순간 전환 속도, 즉 방향 선회 능력이 치타보다 월등하기 때문이다. 치타의 빠른 속도는 변화 시점, 즉 방향 선회 시점에 오히려 관성으로 작용해 방향 전환에 큰 부담을 준다. 결론적으로 토끼는 속도 면에서 치타에 뒤처지지만 기동력 면에서 치타보다 탁월한 민첩성을 지녔기에 거친 야생의 초원에서 살아갈 수 있는 것이다.

다시 한번 정리해보자. 아프리카 동물의 세계에서 우리가 배울 수 있는 교훈은 2가지다. 첫째, 세상이 변하면 생존을 위협받게 되므로 살아남을 수 있는 새로운 곳으로 이동해야 한다. 둘째, 생존하기 위해 움직일 때는 남보다 기민하게 움직여야 한다.

인공지능, 포스트 코로나 시대 무엇을 어떻게 준비할 것인가?

21세기는 변혁의 시대, 격동의 시대다. 변화의 속도만 봐도 지난 20세기보다 약 3배는 빨라졌다. 21세기의 첫 번째 10년(2001~2010)이 '디지털' 시대였다면, 두 번째 10년(2011~2020)은 '스마트' 시대였다. 그렇다면 다가올 세 번째 10년은 과연 어떤 키워드가 세상을 지배할 것인가?

불과 몇 년 전까지만 해도 많은 사람들이 인공지능 시대를 예측했다. 애플, 아마존, 구글, 마이크로소프트 등 세계적 기업들은 새로운 미래를 장악하기 위해 인공지능 분야를 선제적으로 준비해왔다. 그런데 2020년 초, 코로나19가 온 지구를 덮쳐버렸다. 과학자들은 현시대를 '인류세人類世'라고 하는데 적어도 2020년은 '코로나세'가 되어버린 셈이다.

코로나19는 인류 사회의 가치 사슬value chain을 송두리째 뒤바꿔놓았다. 문명, 산업, 기업, 경영, 혁신, 조직, 리더, 인재, 교육, 심지어 개인의 인생까지, 인간 사회 전체와 개인 삶의 전 영역에 깊숙이 침투해 인류 문명의 진행 방향을 뒤틀어버리고 있다. 또한 이른바 언택트, 비대면 접촉의 증가는 '공포 사회phobia society'를 만들어가고 있는 것처럼 보인다. 이에 각 분야 전문가들과 기업들은 앞으로 우리가 지금까지 수천 년, 수백 년간 만들어온 '접촉 사회'가 급격히 위축될 것이라 예측하고 비접촉 미디어를 통한 '접속 사회'로의 진로와 방향을 모색하고 있다. 과연 그럴까.

분명한 것은 지금까지 인간과 기계의 쟁패라는 세계관의 이분법적 패러다임에서 코로나 변수가 개입되어 미래에는 당분간(어쩌면 아주 장기화될지도 모르지만) 인공지능과 코로나 지능, 그리고 인간 지성이 3파전으로 전혀 새로운 미래가 펼쳐질 수 있을 것이라는 점이다. 다가오는 10년간은 적어도 이 코로나 변수를 어떻게 예측할 것인가가 중요 쟁점이 될 것은 틀림이 없다.

코로나의 위협이 국가, 산업, 기업의 행동 양식을 완전히 바꿔버렸기에 우리는 '포스트 코로나' 시대를 대비하지 않을 수 없다. 새로운 기술은 새로운 사회를 만들고, 새로운 사회는 새로운 인재를 필요로 한다. 우리는 새로운 사회에 적응하여 최소한의 생존을 담보하기 위해, 더 나아가 미래를 선제하고 리드하기 위해 무엇을 어떻게 준비할 것인가?

　인공지능과 기계가 인간의 자리를 대체할 것이라는 우울한 예측이 난무하는 시대, 과연 미래에는 어떤 인재가 대체 불가능한 자리에 앉게 될까? 적어도 다음 10년간의 미래를 견인할 인재의 모습은 무엇일까? 지금의 인재들과는 어떻게 달라질까? 어떤 새로운 역량이 필요할까? 새 시대를 견인해갈 미래의 리더는 과연 어떤 모습일까? 이런 문제들을 해결하지 않는 한 조직이든 개인이든 우리는 늘 미래에 대한 두려움과 불안함 속에서 살아갈 수밖에 없다. 사람들은 자신의 미래를 정확히 알 수 없기에, 불안감을 극복하기 위해 지금 각자에게 주어진 일을 바쁘게 해결하며 살아가고 있다. 현재 주어진 일에 대한 열심과 노력이 미래를 보장해주리라는 막연한 믿음 때문일지도 모른다. 과연 이 믿음은 옳은가?

　인간 불안의 핵심은 늘 자신의 안전, 즉 생존 가능성을 확보하는 데 있다. 인간은 누구나 자신의 생존을 위협받을 때 불안해한다. 그런데 우리가 사는 이 세계는 아이러니하게도 과거에 살았던 '불안한 인간'이 이루어놓은 세상이다. 역사적으로 불안한 사람들은 늘 새로운 세상을 만들어왔다. 그리고 불안한 사람들이 만들어가는 새로운 미래를 향해 현재의 세상은 또다시 뒤집히고 있는 것이다.

시대의 요청에 따라
민첩하게 변신하는 인재

미래에 다가올 사회, 이 새로운 사회는 과연 어떤 사회이며 어떤 인재를 필요로 하는가? 또한 우리는 최소한의 생존을 담보하면서, 적극적으로는 기업 및 국가 경쟁력을 키우고 확보하는 동시에 개인적으로 풍요롭고 행복한 인생을 꾸려가기 위해 무엇을 어떻게 준비할 것인가? 이 질문이 바로 이 책의 주제다.

첨단 기계와 기술 문명은 세상을 송두리째 바꾸어놓고 있다. 우리 자신도 모르는 사이에 하나씩 하나씩 우리 삶을 바꿔가고 있다. 하지만 정확히 말하자면 기계나 기술이 바꾸는 것이 아니라 그 기계를 만든 사람들, 그리고 그 기계를 가지고 세상을 바꾸려는 사람들에 의해 새로운 세상이 만들어지고 있는 것이다.

인간의 역사는 인간 자신의 '처절한 생존사'라 해도 과언이 아니다. 그렇다면 오랜 인류의 역사에서 과연 누가 살아남았을까? 시대가 필요로 하는 사람들이다. 후대 역사가가 그들에 대해 역사를 만들었다고 기술하든 시대에 잘 적응했다고 표현하든, 어쨌든 시대가 필요로 한 사람들, 민첩하게 방향을 바꾼 사람들이 자신들의 시대를 주도하며 인류의 역사를 만들어왔다.

디지털 혁명, 스마트 혁명에 이어 인공지능이 주도하는 4차 산업혁명의 파도가 연이어 밀려오고 있다. 게다가 코로나 사태까지 겹치면서 미래 문명은 기계, 질병, 인간이 벌이는 3원 방정식의 사회적 퇴적물이 된다. 이러한 격랑 가운데 전 세계는 인터넷과 SNS 등으로 하나의 가상 공간에서 살아가는 '뉴 글로벌 가상 혁명 시대' 가 전개되고 있다. 가상 사회 속의 글로벌화는 더욱 가속화할 것이 다. 과연 이 새로운 사회에서는 누가 세상을 주도할 것인가?

　이 책이 남보다 한발 앞서 미래를 대비하려는 사람들에게 의미 있는 메시지로 전달되기를 바란다.

2020년 10월

신태균

1장

대격변

존재 혁명에서
관계 혁명으로

역사가 시작된 이래 인류는 문자를 만들고 문명을 발전시켜왔다. 인류가 살아온 문명의 역사를 설명하는 여러 이야기 중 역사를 바꾼 사과 이야기가 있다.

인류의 역사를 바꾼 첫 번째 사과는 〈창세기〉에 나오는 선악과 사건에 등장한다. 성경에 의하면 태초에 하나님이 천지를 지으신 뒤 아담과 하와라는 사람을 창조하셨다. 그리고 그들을 에덴동산에 살게 하며 모든 것에 자유를 주셨으나, 다만 동산 중앙에 있는 선악과만큼은 따 먹는 것을 금하셨다. 그런데 하와는 뱀의 유혹으로 선악과를 따 먹고 이를 아담에게도 주어 함께 먹게 했다. 이렇게 약속을 위반한 죄로 말미암아 계율에 따라 인간이 에덴동산에서 쫓겨난 사건이다. 그래서 사람들은 이 사과를 '문제의 사과'라고 부르게 되었다. 이 선악과 사건은 우리가 사는 이 세상에 세 존재자, 곧 신(하나님)과 인간과 자연이라는 존재 주체가 있으며, 선악과 사건을 통해 이들 세 주체의 관계가 어떻게 단절되었는지 설명하는 최초의 이야기로 해석할 수 있다.

인류의 역사를 바꾼 두 번째 사과는 '파리스의 심판'에 등장한다. 그리스 신화에서 제우스는 테티스와 펠레우스의 결혼을 축하하기 위해 큰 잔치를 베풀고 모든 신을 초청했다. 그런데 오직 한 사람, 서로를 잘 이간시키는 불화의 여신 에리스만은 초대하지 않았다. 초대받지 못한 에리스는 이를 괘씸히 여긴 나머지 오히려 행사장에 가장 먼저 나타나, 일종의 복수 내지 방해를 위해 황금 사과 한 개를 놓고 간다. 그런데 그 사과에는 '세상에서 가장 아름다운 여신에게'라고 쓰여 있었다. 이에 세 명의 여신, 곧 헤라(신들의 여왕)와 아테나(지혜와 전쟁의 여신), 그리고 아프로디테(사랑과 미의 여신)가 서로 자신이 주인이라고 나서며 제우스에게 판정을 내려달라고 한다. 입장이 곤란해진 제우스는 목동인 파리스에게 그 선택을 맡기고, 세 여신은 파리스에게 각자의 조건을 제시한다. 헤라는 아시아의 군주라는 권력을, 아테나는 전쟁에서의 승리를, 아프로디테는 세상에서 가장 아름다운 여성을 아내로 주겠다고 약속한다. 결국 파리스는 아프로디테의 조건을 수락해 그녀에게 사과를 건네주고 헬레네를 얻었고, 이 사건이 발단이 되어 트로이 전쟁이 일어나게 된다는 이야기다. 그래서 사람들은 이 사과를 '선택의 사과'라고 말하게 되었다.

　인류의 역사를 바꾼 세 번째 사과는 이른바 뉴턴의 사과다. 아이작 뉴턴은 케임브리지 대학 재학 시절 당시 유행하던 흑사병을 피해 고향에 머물고 있었다. 그러던 1666년 어느 가을날, 그는 나무에서 떨어지는 사과를 바라보며 중력의 단초를 발견했다. 그리고 연구를 거듭한 끝에 42세 나이에 만유인력 이론을 완성했다. 사람들은 근세 과학의 선구자라 할 수 있는 뉴턴의 사과를, 역사를 바꾼 세 번째 사과의 주인공으로 선정하는 데 주저하지 않는다. 뉴턴의 사과는 '발견의 사과'라 할 수 있다. 뉴턴은 경험과 검증, 각종 실험을 통해 인간이 살아가면서 겪는 여러 문제에 대한 해결책을 찾으려 했다. 그는 수학, 물리학, 화학, 천문학, 지질학 등의 분야에서 하늘과 땅, 그리고 인간을 비롯한 생명체에 담긴 수많은 비밀을 탐구하면서 식량, 질병, 자연재해 등 인류가 직면한 수많은 문제를 해결하는 데 크게 기여했다.

네 번째 사과의
주인을 찾아서

인간은 첫 번째 사과를 통해 선악에 따른 심판과 구원을 이야기함으로써 종교의 시대를 열었다. 그리고 두 번째 사과를 통해 권력과 지혜와 아름다움이라는 인간의 이상과 욕망의 개념을 정립하면서 철학의 시대를 열고, 세 번째 사과를 통해 실험과 법칙 발견에 의한 과학의 시대를 열었다. 그렇다면 네 번째 사과는 과연 무엇이며, 이를 통해 인류는 어떤 세상을 새롭게 열어갈 것인가?

사과 이야기는 인류의 역사에 등장한 공통 소재(사과)를 통해 시대의 흐름과 세상의 변화를 구분하는 하나의 비유적 프레임이라 할 수 있다. 다시 말해 인간 삶을 구성하는 본질적 요소의 시대적 변화를 바탕으로 한 일종의 인문학적 문명 프레임인 것이다.

인류 역사의 첫 번째 테마는 종교와 신앙의 문제였으며, 두 번째 테마는 철학과 윤리의 문제였다. 뉴턴을 통해 근대 과학이 경험과 법칙의 발전을 거듭해왔다면, 이제 네 번째 혁명의 시대로 들어가고 있는 현대 인류에게는 과연 어떤 세계가 펼쳐질까.

앨빈 토플러는 《미래의 충격》(1970), 《제3의 물결》(1980), 《권력이동》(1990)이라는 3부작을 통해 정보혁명의 도래를 예측했다. 그가 《미래의 충격》을 발표한 지 50년이 지난 지금, 전 세계 인류는 디지털과 인터넷이 지배하는 정보지식사회에 살고 있다. 이제 인류는 세 번째 파도인 제3의 물결을 넘어 네 번째 파도를 맞이하고 있으며, 이와 관련해서는 특히 4차 산업혁명에 대한 논란이 뜨겁다. 다가오는 새로운 변화의 움직임에 대한 성격 규명을 피해 가기는 어렵기에, 이 책에서는 현재 논의되고 있는 복잡한 기술적 설명은 되도록 피하고 인문학적 관점에서 그 혁명적 의미를 짚어보기로 한다.

제4의 물결, 즉 네 번째 파도의 성격을 구명究明하려면 인간 사회를 구성하는 2가지 근본 요소를 짚어보아야 한다. 하나는 세상을 구성하는 '존재'이고, 다른 하나는 이들 존재 사이의 '관계'이다. 존재론적 접근에는 2가지 문제가 있다. 하나는 우리 지구 사회를 구성하는 전통적 존재들 사이에 특별한 변화가 있는가, 다시 말해 문명을 뒤흔들 만한 새로운 존재가 탄생하고 있는가 하는 것이고, 다른 하나는 기존 존재들의 관계 역학에 있어 새로운 변화가 있는가 하는 것이다. 만일 인류 문명상 또 하나의 유의미한 존재가 탄생한다면, 새로운 존재의 출현에 의해 전통적 존재들 사이의 관계 변화는 필연적일 수밖에 없다.

생각은 존재를 낳고
존재는 관계를 낳는다

인간은 생각하는 존재다. '사유하는 존재'로서의 인간은 자신에서 출발하여 세상의 모든 것에 대해 끊임없이 존재론적·관계론적으로 사유한다.

'나는 누구인가? 어떻게 이 땅에 태어났는가? 어디에서 왔고 왜 살아가며 죽음 이후에는 어디로 가는가?'라는 실존적 질문은 '인간이란 무엇인가? 어디에서 와서 어떻게 지구상에 존재하고 있으며 어떤 종말을 맞이할까?'라는 인간에 대한 존재론적 사유로 확대된다.

인간은 어쩔 수 없이 자신을 중심으로 파악하는 존재다. 오랜 역사의 흐름에서 신, 인간, 자연이라는 세 존재 주체 중 인간이 모든 존재를 구분하고 규명해왔다. 앞서 사과 이야기를 통해 잠시 언급한 바와 같이 인류의 역사는 신의 시대, 인간의 시대, 자연의 시대를 거치며 문명을 발전시켜왔다.

인간이 오랜 인류의 역사에서 신의 존재를 발견한 것은 1차 존재 혁명이라 할 수 있다. 고대 인류는 세상의 모든 메커니즘, 즉 운행 원리를 신의 작동 체제로 믿음으로써 신화의 시대를 열었다. 원시 종교의 태동은 이와 맥을 같이한다. 이후 인간의 자기 존재에 대한 자각이 가속화되면서 인간의 시대를 열었다. 생각하는 인간으로서의 자기 발견은 2차 존재 혁명이라 할 수 있다. 인간에 대한 존재 혁명은 서양에서 그리스 철학으로 본격화되었지만, 이를 완성한 것은 르네상스의 인문적 문예 부흥이다. 이후 인간은 자연으로 눈을 돌리기 시작했다. 초자연적 인식에서 과학이라는 범주로 자연세계를 관찰하고 규명하는 3차 존재 혁명으로 오늘날 과학의 시대를 열었다.

이처럼 인류는 1차, 2차, 3차 존재 혁명을 통해 오늘날의 세계를 바라보는 틀을 구축했다. 문제는 앞으로 다가올 파도를 통해 전통적인 신, 인간, 자연이라는 세 차원의 존재론적 세계관에 변화가 있을 것인가 하는 점이다. 간단히 말해 제4의 존재가 탄생할 것인가의 문제다. 좀 더 구체적으로 말하면 AI나 로봇으로 대표되는 기계 문명을 통해 이른바 '인공지능'이 인류의 미래에 제4의 존재로 인식되고 자리 잡을 것인가 하는 예측과 관심인 것이다.

　네 번째 파도를 규정하는 또 한 가지 문제는, 인공지능이 제4의 존재로 자리매김할 경우 초래될 관계 혁명의 파장이다. 기계가 신, 인간, 자연과 대등한 수준의 존재적 요소로 자리 잡는다면 필연적으로 인간 사회의 관계 혁명은 일어날 수밖에 없다.

　전통적으로 인간 사회는 신과 인간의 관계, 인간과 인간의 관계, 그리고 인간과 자연의 관계라는 단순 구조적 세계관으로 유지되어왔다. 그러나 앞으로는 전통적 3자 관계 이외에 인간과 기계의 관계가 추가로 정립될 수밖에 없다. 이것은 지금까지 기계가 인간의 도구로, 다시 말해 인간의 삶을 풍요롭게 하는 수단으로 존재해왔지만 앞으로는 인간과 구체적 관계를 맺는 주인공으로 등장한다는 의미다. 조금 더 비약하자면, 제2의 인격체로서 기계가 등장한다는 말이다. 로봇(인공지능) 애인, 로봇 친구, 사업 주체(법인 대표)로서의 로봇, 로봇 범죄자 등 전 분야에 걸쳐 사회적 인격 부여가 일어나는 것을 의미한다. 또한 종교나 신앙 대상으로의 로봇(인공지능), 즉 로봇 신이 등장할 수도 있다. 인간의 길흉화복이나 미래, 삶의 가치관을 온전히 맡기는 신앙 대상으로서의 인공지능 또는 로봇이 등장하는 것을 말한다. 마지막으로 자연의 모든 것을 대체하는 인공적 자연이 인간 사회의 배경 화면이 될 수도 있다.

　이렇게 되면 인간 사회에 전통적인 신과 인간의 관계, 인간과 인간의 관계, 인간과 자연의 관계 이외에도 인간과 기계의 관계가 제4의 관계로 등장하여 전통적인 '관계적 세계관'을 완전히 뒤바꿔놓을 것이다. 이러한 장면은 지금껏 인간의 도구로 인식되던 기계가 독립적 존재로 새롭게 자리매김함으로써 최악의 경우(대다수 사람들의 입장에서는 당연히 최악일 것이다) 기계가 지배하는 인간 사회가 도래할 수도 있음을 예상하게 한다.

다시 말해 신과 인간과 자연이 모두 기계의 통제 아래 놓이는 최악의 디스토피아 세계를 상상할 수 있다. 이것이 네 번째 파도가 닥쳐오면서 우리 인간 사회에 발생할 가능성이 있는 관계 혁명의 본질이다.

존재 혁명과
관계 혁명

2018년 로봇 관련 기업 보스턴다이내믹스는 인간처럼 잘 움직이는 그야말로 유연한 로봇을 만들어 그 영상을 유튜브에 공개했다. 로봇은 발로 차이고 막대기에 찔려 넘어져도 이내 일어나 무게 중심을 잡는다. 놀라운 일이었다. 그러나 더욱 놀라운 점은 사람들의 반응이었다. "더 이상의 로봇 학대를 중지하라."

'학대'는 인격체 또는 생명체를 대상으로 하는 말이다. 로봇이 우리의 삶에서 점점 생명체, 더 나아가 인격체로 전환되고 있는 것이다. 아마도 로봇이 보통의 산업용 로봇처럼 그저 기계의 형상이었다면, 인간은 그러한 연민의 감정을 전혀 느끼지 않았을 것이다.

그러나 로봇이 외형적으로 인간의 형상과 비슷할수록, 인간의 감정에 반응하는 오감적 행동력이 많이 입력되었을수록, 그리고 인간과 유사한 행동을 할수록 인간은 로봇을 의인화하게 되어 인간과 동일한 인격 주체로서의 감정 이입을 할 가능성이 매우 높다.

어린 시절 인형 놀이를 떠올려보면 알 수 있다. 아이들은 움직이지도 않는 인형에 옷을 입히고, 말을 걸고, 각종 상상과 시뮬레이션을 하면서 감정 이입을 하게 된다. 인형과 함께 자고 함께 먹는다. 물론 가상의 존재로 상상하고 하는 행동이지만, 이미 정서적으로는 인간과 다르지 않은 감정적 교감이 있는 것이다. 하물며 인간의 형상을 하고, 인간처럼 말하고, 인간과 감정을 교류하도록 장치되어 있다면 말할 나위도 없다. 이미 애완용 개나 고양이 등이 반려동물로 일상화하고 있는 현대 사회에서라면 인간과 로봇 기계와의 감정 교류도 당연한 일일 것이다.

4차 산업혁명은 기술의 획기적 발달이나 놀라운 첨단 과학으로서의 의미보다, 우리가 창조한 AI에게 인격성을 부여하는 일을 한다는 혁명적 사고, 즉 사고 혁명이라는 데 방점을 찍어야 한다. 기술 혁명으로서의 4차 산업혁명은 그 혁명성에 논란의 여지가 있다. 그러나 이 문명 세계를 존재론적·관계론적 관점에서 보는 인공지능 혁명은 인간의 관점에서 볼 때 분명한 혁명적 변화임에 틀림없다. 그러므로 AI 혁명 중심의 4차 산업혁명에서야말로 기계가 곧 사람이라는 인격체상의 존재 혁명과 관계 혁명이 동시에 진행되고 있다는 사실에 주목해야 한다.

인간의 생각은 새로운 존재를 탄생시키고, 새로운 존재는 새로운 관계를 탄생시킨다. 최초로 누군가에 의해 시작된 생각은 시간이 지나면서 여러 천재를 거쳐 존재 혁명이 되고, 결국 관계 혁명으로 이어지게 마련이다. 따라서 존재 혁명과 관계 혁명을 동반한 네 번째 파도는 반드시 우리에게 몰아닥칠 수밖에 없으며, 인류 사회 전체가 이를 피할 방법은 없을 것이다. 그렇다면 새로운 문명은 과연 누가 어떤 과정을 통해 탄생시키는지 구체적으로 살펴볼 필요가 있다.

새로운 문명을
만드는 사람들

문명 발전의 관점에서 볼 때 세상에는 크게 다섯 종류의 인간이 있다. 첫 번째는 일반인과 아주 다른 특별한 생각을 하는 사람이다. 그들은 다른 사람이 좀처럼 하지 않는 별난 생각을 즐겨 한다. 남과 다르게 생각하고 다른 것을 상상한다. 그들은 남이 생각하지 않는 생각을 시작한다. 그 후 인류는 그들을 통해 생각의 외연을 점점 넓혀간다. 우리는 이런 사람을 일반적으로 사상가, 몽상가, 철학자, 극작가, 예술가라고 한다.

두 번째는 남이 상상하지 못한 특별한 생각을 스스로 먼저 할 수 있는 능력은 없지만, 다른 사람의 특이하거나 새로운 생각을 이론화하고 체계화하여 그 생각이 실제로 옳았음을 증명해내는 데 탁월한 능력을 지닌 사람이다. 비유하자면 앞서 첫 번째 사람이 일군 하늘의 생각을 땅으로 끌어 내리려고 하는 사람이다. 이들은 학자나 교수 또는 전문 연구자 같은 이론가로서, 아직 검증되지 않은 엉뚱한 생각을 체계화함으로써 이론상 가능한 수식이나 명쾌한 정리를 통해 때로는 과학적으로, 때로는 논리적으로 입증해낸다.

세 번째는 다른 사람보다 특별한 생각을 먼저 하거나 이를 이론화 또는 체계화하는 데 탁월하지 않아도, 이를 기술적으로 연구하고 개발하여 마침내 현실적으로 실현 가능하다는 것을 보여주는 사람이다. 이들은 실험과 실습을 통해 기술적으로, 기계적으로, 도구적으로 만들어내어 우리 손에 올려놓아 직접 보여주거나, 실제 사용할 수 있는 물건이나 기술 또는 도구로 보여준다. 우리는 이들을 기술자, 설계자, 개발자, 현장 전문가라고 말한다.

네 번째는 새로운 생각도, 이를 이론화하는 능력도, 또한 이를 실제로 만들어내는 능력도 부족하지만, 이를 값싸게 만들어 상용화하거나 사업화하여 많은 사람이 직접 소비할 수 있는 제품이나 서비스로 제공함으로써 대중을 기쁘게 하고, 이로써 돈을 버는 데 탁월한 재주가 있는 사람이다. 흔히 이들을 투자자, 후원자, 사업가라고 말한다.

마지막 다섯 번째는 상상가도, 이론가도, 기술자나 개발자도, 사업가도 아니다. 그러나 남이 만들어준 제품이나 기술이나 서비스를 적극적으로 사용하면서 새로운 상품이나 서비스 같은 생활 문명을 앞서 즐기는 사람이다. 이들에게 굳이 이름을 붙이자면 발

빠른 문화인, 생활인, 또는 열성 소비자라고 할 수 있으며 그중 일부를 얼리어답터라고 한다. 이들은 일반인보다 빨리 그러한 상품이나 서비스를 경험하고 싶어 안달이 난 사람이며, 이들에 의해 유행이 선도된다.

누군가는 새로운 생각을 하고, 누군가는 이를 이론화하고, 누군가는 이를 개발하여 제품을 만들고, 누군가는 이를 사업화하여 돈을 벌고, 누군가는 남보다 빨리 이를 소비하면서 그 가치를 즐긴다. 만일 그러한 제품이나 기술이나 도구가 식상하거나 불편해지면 누군가가 다시 새로운 생각을 하여 그 사이클이 반복된다. 작게 이야기하자면 혁신이 반복되는 것인데, 큰 사이클로 바라보면 문명과 사회와 기술이 이 같은 형태의 순환으로 나선형적 발전을 하게 되는 것이다.

새로운 생각을 하는 선지자와 선각자, 새로운 지식을 만들어내는 학자, 이론가, 탐험가, 새로운 기술의 발명가, 새로운 사업의 연출자, 기업가가 새로운 세상을 만들어갈 때, 인구의 대부분을 차지하는 보통 사람은 수동적으로 그 결과를 즐긴다.

당신은 다섯 종류의 사람 중 어디에 들어가는가? 만일 당신이 앞서 말한 네 부류 중 어느 한 부류에도 속하지 않는다면, 다시 말해 다섯 번째 부류라면 당신은 늘 구조 조정을 대비해야 할 것이다. 앞선 네 그룹에 의해 이루어지는 문명의 변화가 나머지 대다수의 다섯 번째 그룹에 해당하는 사람의 운명을 바꾸어놓기 때문이다.

역사학자 아널드 토인비는 역사의 발전을 끊임없는 '도전과 응전challenge & response'으로 바라보면서 '창조적 소수creative minority'에 의해 역사가 만들어진다고 했다. 이러한 생각에 의지해본다면, 앞서 말한 네 부류는 창조적 소수자다. 그렇다면 대부분의 사람은 어떻게 해야 역사의 흐름 속에서 살아남을 수 있을까? 역사의 변화 시점에서 살아남는 방법은 바로 아프리카 세렝게티에서 배운 지혜에 있다. 기동력, 유연성, 순발력이다. 역사적 전환기, 즉 변화의 시점에는 깨어 새로운 세상으로 움직일 준비를 해야 한다. 제때 움직이는 힘, 나아가 남보다 한발 앞서 움직이는 힘을 가져야 한다. 세상을 바꿀 능력이 없다면 얼리어답터, 즉 미래에 펼쳐질 세상에 빨리 적응하는 힘이라도 갖추고 있어야 한다. 그렇지 않으면 역사의 희생자, 변화의 희생양이 될 뿐이기 때문이다.

문명이 바뀌면
운명이 바뀐다

상트페테르부르크에 있는 러시아미술관에 가면, 러시아가 자랑하는 화가 이반 아이바조프스키의 1850년 작품 〈아홉 번째 파도〉를 볼 수 있다. 한입에 삼켜버릴 듯 파도가 달려드는 바다 한가운데, 위태로운 뗏목 위에 살아남은 사람들이 거대한 풍랑을 바라보며 깃발을 흔들고 있다. 인물이나 뗏목은 상대적으로 작게 그려지고,

이반 아이바조프스키, 〈아홉 번째 파도〉, 1850.

금세라도 덮칠 듯한 거대한 파도, 그 뒤의 파도, 또 그 뒤의 더욱 거
대한 파도가 한눈에 들어온다. 거대한 파도를 헤쳐 나가기에 인간
의 모습은 너무나도 나약해 보인다. 제목을 기억하자. 〈아홉 번째
파도〉다. 지금 우리는 과연 몇 번째 파도 앞에 서 있는가?

　　또한 프랑스 루브르박물관을 방문해본 사람이라면 누구라도
알겠지만, 그곳에는 레오나르도 다빈치의 〈모나리자〉 이외에도 유
명한 그림이 헤아릴 수 없이 많다. 그중 꼭 주목해야 할 작품으로
19세기 낭만주의 화가 제리코가 그린 〈메두사호의 뗏목〉이 있다.
감당하기 어려운 폭풍을 겪고 겨우 살아남아 작은 뗏목에 의지한
채 오로지 생존을 위해 죽은 동료의 시체까지 먹는 아비규환의 인
간상을 절박하게 묘사하고 있는 그림이다.

테오도르 제리코, 〈메두사호의 뗏목〉, 1818~1819.

나는 이들 두 그림이 21세기의 세 번째 10년을 맞이하는 인류의 현실 상황을 묘사하는 대표적 작품이라고 생각한다. 〈아홉 번째 파도〉는 엄청난 변화의 물결에 직면한 우리의 절체절명의 환경을, 〈메두사호의 뗏목〉은 이러한 변화에 적응하거나 제대로 준비하지 못한 인류의 처참한 미래를 상징하는 것처럼 보이기 때문이다.

영화 〈관상〉은 조선 시대 문종 사후의 계유정난을 배경으로 한 관상가의 삶을 다룬 작품이다. 그 영화의 마지막 장면에서 주인공 관상가(송강호 분)는 다음과 같이 말한다. "난 사람의 얼굴을 봤을 뿐 시대의 모습을 보지 못했소. 시시각각 변하는 파도만 본 격이지. 바람을 보아야 하는데… 파도를 만드는 건 바람인데 말이오." 그러면서 문제의 본질적인 답까지도 이야기한다. "당신들은 파도를 높이 탄 것이고 우리는 파도의 아래에 있었던 것. 하지만 언젠가 파도가 뒤바뀔 것이네." 우리는 이 말을 변화의 대응에 대한 지혜로 받아들여야 한다. 인류를 향해 거세게 몰아치는 거대한 변화의 파도를 바라보며, 우리는 그 격랑을 일으키는 바람의 흐름도 주의 깊게 바라보아야 한다.

파도가 눈에 보이는 기술과 도구라면, 파도를 일으키는 바람은 보이지 않는 사고(즉 생각)이다. 문명은 결국 인간의 사고가 도구화하는 과정과 다름없다. 따라서 우리는 진리든 사물이든 과학이든 기술이든 경영이든 인생이든, 맥락적으로 사고하는 훈련을 계속해야 한다. 세세한 부분과 디테일도 중요하지만 전체를 보는 안목을 키우는 훈련을 계속해야 보이지 않던 것이 비로소 보이기 시작한다.

우리 사회에도 여러 종류의 바람이 불고 있다. 4차 산업혁명과 인공지능이라는 글로벌 차원의 파도는 물론이고 한국 사회에 불고 있는 저성장과 사회 분열의 토네이도, 그리고 공중에서 소리 없이 내려앉는 1990년대생이 만들어내는 새로운 Z기류까지 다양한 풍랑이 일고 있다.

새로운 문명은 때로는 요란하게, 때로는 소리 없이 다가온다. 어느 경우든 조직의 경영자나 리더는 그 미세한 변화를 감지할 수 있어야 한다. 변화를 선제적으로 감지하는 것은 전적으로 '지도자의 몫'이기 때문이다. 국가든 기업이든 가정이든, 리더는 파도뿐 아니라 그 파도를 일으키는 바람까지 볼 수 있어야 한다. 보이지 않는 것을 보는 힘이 바로 지도자의 능력이다.

중국 고전《장자》〈양생주편〉에 '포정해우庖丁解牛'라는 말이 나온다. 당시의 도축업자 포정에 관한 고사로 '포정이 소의 뼈와 살을 발라낸다'는 뜻인데, 도축의 달인 포정이 소를 잡을 때 쓰는 칼은 늘 방금 간 것처럼 예리하다고 한다. 포정은 문혜왕에게 자신의 신술을 다음과 같이 설명한다.

"제가 처음 소를 잡을 때에는 그저 소만 보였으나, 3년이 지나자 소의 모습은 보이지 않고 오직 골격과 근육만 보였습니다. 그 후 30년이 지난 지금은 정신으로만 소를 대하지 눈으로는 보지 않습니다."

포정은 계속 말하길, 보통 사람은 매달 칼을 갈아야 하고 솜씨 좋은 장인도 1년에 한 번씩은 칼을 갈지만, 자신은 지난 19년 동안 소 수천 마리를 잡았어도 칼날은 방금 숫돌에 간 것 같다면서, 자신은 소만 보면 그 힘줄과 살의 결 사이 빈 곳이 보이므로 칼을 전혀 다치지 않고 해체할 수 있기 때문이라고 했다. 훌륭한 지도자는 포정이 소의 뼈와 살을 발라내듯 복잡하게 다가오는 변화의 현상을 흐름과 결에 따라 자연스럽게 분해하여 적절히 대응할 줄 알아야 한다.

문명의 세 기둥,
3간의 근본적 변화

문명은 코드다. 코드는 통신이나 정보 처리에서 한 정보를 다른 형태로 변환하는 규칙을 말한다. 그래서 새로운 문명의 탄생에는 반드시 시그널이 있다. 시그널은 우리에게 일종의 암호처럼 다가온다. 우리는 이 암호를 정확히 해독함으로써 당면한 문제를 해결할 수 있다. 우리에게 다가오는 네 번째 파도를 상징하는 용어 중 하나가 바로 4차 산업혁명이라고 한다면, 4차 산업혁명이라고 이름 붙여진 새로운 변화의 코드를 몇 가지 측면에서 해독해보기로 하자.

앞서 말한 대로 새로운 문명은 우리에게 암호같이 다가오기에, 이러한 암호를 제대로 해석함으로써 새로운 세상을 예측하고 미래를 준비하며 주도적으로 새롭게 만들어갈 수 있다. 다가오는 새로운 문명의 코드를 편의상 '코드 4.0'이라 부르자. 새로운 문명을 읽어내는 4.0 코드 중 하나는 '3간間 코드'이고, 다른 하나는 '5초超 코드'이다. 요컨대 우리의 미래는 '3간 혁명이 만들어 내는 5초 사회'가 될 것이다.

3간 혁명이란 무엇인가

동양 사람들은 수천 년 전부터 세상을 천·지·인이라는 3가지 존재와 이들 사이의 관계, 즉 오묘한 조화와 운행으로 이해했다. 과거·현재·미래 사이의 관계를 시간으로, 지역과 지역 사이의 관계를 공간으로, 그리고 사람과 사람 사이의 관계를 인간으로 규정하여 이른바 '3간 개념'을 정립했다. 세상을 구성하는 가장 본질적인 3가지 요소가 바로 3간(시간, 공간, 인간)이라는 것이다. 우리가 맞이하는 네 번째 파도는 문명의 세 기둥인 3간의 근본적 변화를 초래하고 있다.

시간 혁명digital revolution : 시간의 속도 개념이 달라진다

공간 혁명global competition : 공간의 접근 범위가 달라진다

인간 혁명human species evolution : 인간의 접속 범위가 달라진다

시간 혁명

시간 혁명이란 시간에 대한 우리의 인식이나 고정관념에 근본적
변화가 있다는 의미다. 물론 이러한 개념적 변화에는 이유가 있다.
우리는 시간 개념을 보통 활동의 소요 시간으로 파악한다. 빠르거
나 느리다는 것은 상대적 개념이며, 결국은 소요 시간의 문제다. 자
동차가 빠르다고 느끼는 이유는 같은 거리를 갈 때 걷기보다 소요
시간이 덜 걸리기 때문이다. 결국 시간은 활동하는 데 필요한 소요
시간의 함수다.

　왜 지금이 시간 혁명인가? 인간 활동에 필요한 시간이 혁명적
으로 줄어들었기 때문이다. 서울에서 뉴욕에 가는 소요 시간, 부산
에 가는 소요 시간 등 공간 이동에 걸리는 시간이 현저히 줄어들었
다. 이른바 교통의 발달이다. 그런데 더욱 경이로운 것은 정보를 처
리하고 전달하는 데 필요한 시간이다. 이것은 단순 수식에서 거대
한 우주나 복잡한 문제를 푸는 소요 시간이 엄청나게 줄어들었음
을 의미한다. 사실 우리의 삶은 유의미한 활동의 연속이며, 이러한
활동은 소요 시간에 의해 제한된다.

　우리는 시간을 극복할 수 없는 존재다. 탄생과 죽음, 생성과 소
멸 모두 시간의 변수다. 만일 모든 인류가 노예적 존재라면 근본적
으로 시간의 노예다. 인간 누구도 시간으로부터 자유로울 수 없다.
기업 경영에서도 시간 관리는 매우 중요하다. 경영 계획, 중장기 전
략, 분기별 경영 성과 등은 모두 시간 구획에서의 인간 활동에 따
른 실적의 표현이다. 그런데 인간 활동의 소요 시간에 대한 혁명이

일어나고 있다. 인간이 특정 활동을 수행하는 데 필요한 시간이 현저히 줄어들고 있는 것이다. 이를 반대로 표현하면 인간의 활동 가용 시간이 폭발적으로 증가한다는 말이다.

한 예로 우리는 전 세계의 어느 누구와도 기술적으로 실시간 접속이 가능하다. 소요 시간이 제로다. 이것이 혁명이 아니고 무엇인가? 복잡한 수식을 푸는 데 걸리는 시간은 수식의 난이도에 따라 무한대까지 갔다. 지금은 어떤가? 컴퓨터에 입력만 하면 된다. 이 정도는 이미 3차 산업혁명의 결과다.

그런데 왜 지금 또다시 시간 혁명인가? AI가 우리의 활동 공간을 대신하고 있기 때문이다. 우리가 알 수 없는 문제를 스스로 제기하여 우리 대신 풀어준다. 이것이 지능 혁명intelligence revolution 이다. 이로써 우리가 가용할 수 있는 시간이 엄청나게 증가했다.

소요 시간 감소로 인간이 평생 동안 할 수 있는 활동이 배가된다면 실질적으로 2배의 삶을 사는 것이 된다. 100년 전 인간 중에 장수하여 90세를 산 사람이 있다고 하자. 오늘날 인간의 평생 활동에 소요되는 시간이 100년 전에 비해 반으로 줄었다고 할 때, 똑같이 90세를 산다면 단순 계산으로 180세를 사는 셈이다.

시간 혁명의 본질은 리얼타임real time 혁명이다. 시간이 없어진다. 소요 시간이 제로에 수렴한다. 시간의 소멸은 4차 산업혁명의 핵심 중 하나다.

공간 혁명

3차 산업혁명은 공간의 외연을 확장했다. 이른바 글로벌 혁명이다. 교통의 발달로 우리는 세계 어느 곳이든 자유롭게 갈 수 있게 되었다. 4차 산업혁명은 우리에게 다른 각도를 제공한다. 바로 드론이다. 기술적으로 드론은 우리를 지구 어느 곳으로든 데려가 보여준다. 더욱이 우리가 볼 수 없는 각도에서 말이다. 드론은 2차원이 아닌 3차원의 시각, 즉 입체적 시각을 제공한다. 전지적 시점으로 우리를 안내한다. 사물을 바라보는 각도는 매우 중요하다. 2차원에서 보이지 않던 것이 3차원에서는 보인다. 보이지 않는 것을 보는 힘이 강해진다. 이는 물리적으로 '보는 것'에서 출발한다. 이제 우리는 물리적으로 보게 된 것이다. 구글어스Google Earth 또한 마찬가지다. 전지적 공중 시점으로 줌인zoom in과 줌아웃zoom out을 통해 지금까지 가보지 않은 곳을 갈 수 있고, 본 적 없는 각도에서 즐길 수 있다. 여기에다 공간에 대한 인식 혁명이 더해진다. AR(증강현실)과 VR(가상현실)은 실제로 존재하지 않는 판타지의 세계, 가상의 공간으로 우리를 안내한다.

요컨대 4차 산업혁명은 AR과 VR에 의해 만들어지는 가상 공간 혁명이다. 또한 드론에 의한 입체적 각도 혁명이다. 신체적·물리적 눈높이의 한계에서 인간의 시각을 자유롭게 해준다. 구글어스에 의해서도 새롭게 원격 공간 혁명이 일어나고 있다. 우주항공공학이 발전하면 우주를 여행하게 될 것이다. 제프 베조스와 일론 머스크, 그리고 리처드 브랜슨이 가까운 미래에 우주 공간으로 우리를 안내할 것이라고 장담하고 있다. 앞으로 내시경이 더욱 발달하면 우리는 화면을 통해 인체의 어느 부위로든 자유롭게 여행하게 될 것이다. 물리적으로 수퍼 매크로super macro 공간과 울트라 마이크로ultra micro 공간이 동시에 열리고 가상 공간이 함께 열리는 미래 사회는 확실한 공간 혁명의 시대가 될 것이다.

인간 혁명

인간이 평균 100세까지 살게 되었다. 물론 100세까지 사는 것이 원래 불가능한 일은 아니었다. 그러면 왜 혁명인가? 평균수명 내지 기대수명이 달라진 것이다. 평균수명이 달라지면 생애 플랜이 달라진다. 직장을 다니는 기간도 달라져야 하고, 사회 구조와 생활 구조가 모두 달라지게 마련이다. 삶의 패러다임이 완전히 달라지는 것이다. 지금 태어나는 사람은 어린 시절부터 100세 인생을 구체적으로 설계하며 살아갈 것이다. 어쩌면 그들에게 140세 인생 시대가 펼쳐질지도 모른다.

피터 드러커가 늘 강조했듯이 모든 사회 혁명의 진앙은 인구 분포의 변화다. 출생률과 사망률은 사회적 재앙의 단초를 제공한다. 인구는 우리에게 기회를 가져오기도 하고 위기를 불러오기도 한다. 그러므로 우리는 지금부터라도 인생 설계를 완전히 새롭게 해야 한다.

사회 구조 설계를 다시 해야 한다. 고용 시장, 취업 시장, 은퇴, 연금, 일자리, 여가 문화, 노인 간병, 사회병리 현상의 해결을 위한 종합적 대책이 새로운 틀로 완전히 새롭게 수립되어야 한다.

그리고 복제 인간의 탄생 문제다. 2018년 개봉한 영화 〈쥬라기 월드: 폴른 킹덤〉에서는 이미 복제 인간을 상정하여 등장시키고 있다. 우리는 인간 복제를 어떻게 바라볼 것인지 윤리적 결정을 내려야 한다. 인류 역사상 한 번도 해보지 않은 결정이다.

다음으로 기계 인간의 탄생이다. 기계의 인격화 문제다. 인간과 기계 인간의 문제다. 어디까지가 인간이고, 어디까지가 기계인가? 안드로이드 인간의 문제다. 4차 인간의 탄생을 어떻게 볼 것인가? 예를 들어 치매에 걸릴 가능성이 높은 사람이 자신의 판단과 의사 결정을 자신과 닮은 AI에게 맡겨놓는 것이 가능할까? 물론 위임장을 써서 말이다. 유언의 효력이 있듯이 위임장의 효력도 있다. 이처럼 의사 결정 권한이 치매에 걸린 생물학적 인간으로부터 그동안 살아온 데이터가 축적된 AI에게 넘어가게 된다면, 누가 진정한 인격성을 갖게 되는 것인가.

산업혁명은 결국 인간 혁명이다. 물론 보이는 산업혁명은 기술 혁명이고, 기계 혁명이며, 도구 혁명이다. 그러나 보이지 않는 산업혁명은 인간 혁명의 성격을 띤다. 산업혁명은 간접적으로 인류의 생각과 가치와 생활을 크게 바꾸지만 직접적으로는 '일에 대한 혁명'을 초래하므로, 좁은 의미의 산업혁명은 바로 '일자리 혁명'이 될 수밖에 없다. 결국 일은 사람을 구조 조정하기 때문이다. 산업혁명을 전후로 일자리가 급속히 재배치된다. 산업혁명은 글자 그대로 산업을 변화시키고, 산업은 기업을 변화시키고 개별 사업을 변화시키며 조직 내의 업무를 변화시킨다. 일業이 바뀌면 사람人이 바뀐다. 일이 변하면 사람이 교체된다. 그래서 4차 산업혁명 또한 본질적으로 인간 혁명인 것이다.

산업혁명은 사람의 일자리를 빼앗는다. 4차 산업혁명을 통해 단순히 도구로 존재하던 기계가 마침내 지능을 가지고, 더구나 사람보다 더욱 월등한 지능을 가지고 인간을 위협하고 있다. 사실은 기계가 인간을 위협하는 것이 아니고, 그 기계를 만든 소수의 엘리트가 대중을 위협하고 있는 것이다. 우리는 인공지능을 소유하는 소수의 인간이 통제하고 조작할 미래 사회에 대해 주의 깊게 지켜보며 경계해야 한다. '소수 인간→기계 인간→다수 인간'의 계층 구조가 출현하는 미래 사회를 예상해볼 수 있는데, 이 또한 지금껏 본 적 없는 인간 혁명의 파생적 양태일 수 있다.

3간 혁명이 만든
5초超 사회

2007년 출시한 스마트폰이 보편화되면서 스마트 혁명이 시작되었다. 스마트 혁명이 세상을 지배하기 시작한 2010년대 초반, 이때부터 다시 새로운 키워드들이 부상하기 시작했다. 그것은 비교적 생소한 개념의 단어로, 바로 사물인터넷과 빅데이터를 중심으로 한 초연결성hyper-connectivity이었다. 그 후 초연결 사회로 대변되는 새로운 키워드가 기업 경영과 대중의 마음속에 점차 자리 잡게 되었다. 드디어 '초 사회'가 시작된 것이다.

이러한 개념을 토대로 하여 현재와 다가오는 미래 사회를 정의할 수 있다. 즉 미래 사회는 이른바 초연결, 초지능super intelligence, 초인류neo sapiens, 그리고 초경쟁hyper-competition, 초고령super age

이 지배하는 '5초 사회'라고 규정할 수 있다.

초연결 사회

디지털 기술을 통해 구현되는 기계와 기계, 기계와 인간, 인간과 인간 간 연결의 철학과 공학 및 기술을 이른다. 다시 말해 물대물, 인대물, 인대인, 물대인의 모든 것이 연결되는 사회 체제다.

초연결 사회를 실감할 수 있는 예를 하나 들어보자. 만약 아침에 출근 준비를 마치고 이미 차를 타고 한창 이동하는 길에 스마트폰을 안 들고 나온 것이 생각났다면, 당신은 과연 어떻게 하겠는가? 그냥 오늘 하루 스마트폰 없이 보내겠는가? 직장인이든 아니든 스마트폰 없이 하루를 지내는 것은 매우 어렵다. 아니, 조금 심하게 말하면 거의 불가능하다. 이제 스마트폰은 단순한 통화 도구가 아니다. 나의 분신이자 나를 대신할 미디어다. 또한 도구이자 업무 대리인인 동시에 친구이고 휴식에 행복을 주는 생활의 동반자다.

오늘날 스마트폰은 존재를 확인시켜주는 도구이자 삶의 일부가 되어버렸다. 애인과는 떨어져 있어도 스마트폰과는 한시도 떨어져 있을 수 없다고 말한다면 과장일까. 오늘날 현대인은 24시간 모두에게, 또한 모든 것에 연결되어 있어야 하기 때문이다.

초연결 사회에서는 모든 것이 연결되어 있어야 한다. 연결되지 않으면 고립되고, 고립되면 소멸된다. 당신 손에 스마트폰이 없으면 설령 물리적으로 살아 있다 할지라도 조직에서, 거래에서, 심지어 지인이나 친구에게 사회적으로 하루 동안 완전히 죽어 있는 존재다. 온on되어 있지 않은 당신은 그들에게 오프off된 인간이다. 물리적으로 아무리 쾌적하고 안락한 곳에 있더라도 고립된 인간이 되는 것이다. 21세기에는 어느 누구나 일시적 로빈슨 크루소가 될 수 있다.

만일 당신이 어떤 안 좋은 일을 당해 실종 또는 감금되거나 표류하고 있다고 가정해보자. 당신과 관련된 사람들은 먼저 당신을 찾기를 원하겠는가, 아니면 당신의 스마트폰을 찾기를 원하겠는가? 당신 자신과 당신의 스마트폰, 둘 중 어느 쪽이 더 당신다운가? 물론 생명의 차원에서는 말할 것도 없이 당신이다. 특히 가족에게는 물리적·아날로그적·육체적 당신이 소중하다. 그들은 당신이 다치거나 정신 이상을 보이거나 치매에 걸리더라도 당신을 가장 소중히 여길 것이다. 그러나 사회 전반에서는 정작 당신보다 당신의 축적된 정보와 데이터를 더욱 간절히 원할지 모른다. 사고 처리를 위해서도 당신의 스마트폰은 당신의 많은 것, 사실상 거의 모든 것을 입증할 수 있는 정보체로서 매우 중요하다. 더욱이 비즈니스에서 중요한 것은 당신 자체가 아니라 당신의 거래 정보이고, 법적으로도 당신의 법률 정보와 데이터화된 당신의 신상 정보가 더욱 중요하다. 특히 당신이 의식이 없거나 기억을 잃었거나 진술이 오락가락한다면, 당신의 스마트폰이 당신의 모든 것을 입증하는 종합 정보 센터가 된다. 생물학적으로는 당신이 당신이지만, 사회적으로는 당신의 스마트폰이 더욱 당신인 것이다.

세상과, 사회와, 친구나 동료 등의 지인과 문자나 사이버 커뮤니티로 페북 친구 또는 카톡 친구로서 실시간 연결되어 있어야 당신은 사회적으로 살아 있는 존재다. 이것이 바로 초연결 사회의 실체다.

초지능 사회

AI와 로봇, 3D 프린터 같은 하드웨어와 소프트웨어를 결합한 추상적 알고리즘에서 구체적 도구나 제품 및 장비에 이르기까지 인간의 지능은 기계 지능으로 급속히 대체되고 있다. 지금까지 인간의 지능은 지구상에서 최고의 자리를 지키고 있었다. 인간은 뛰어난 머리로 세상을 지배해왔다. 그러나 이러한 인간의 두뇌가 기계에 의해 대체되고 있다. 이제 인공지능이 인간 지능을 압도하고 있고, 따라서 기계가 인간의 자리를 점유하게 되었다.

빅데이터는 인간이 가진 모든 정보의 합이다. 적어도 인간이 입력한 모든 정보의 합이다. 따라서 인공지능은 세계 정보의 분모가 되고 인간 지능은 세계 정보의 분자가 된다. 피자 한 판에서 잘라낸 피자 조각이 그 전체 피자 사이즈보다 결코 클 수 없듯이 개별 인간 지능이 인공지능을 이길 수 없다. 인간은 정보 처리 속도에서 기계를 따라갈 수 없다.

인공지능이 인간 지능의 합을 지나는 시점을 특이점singularity이라고 한다. 특이점이란 기술의 획기적 발전에 의해 현재를 사는 우리 인간이 도저히 이해하거나 통제할 수 없는 새로운 시대가 도래하는 기술적 변곡점이다. 학문적으로 비생물학적 지능의 총합이 생물학적 지능의 총합을 능가하는 시점을 말하는데, 대체로 2040년대 중반으로 본다. 문제는 그 시기가 더욱 앞당겨지고 있다는 데 있으며, 2030년대 말로 전망하는 학자들도 있다.

인공지능이 가속화될수록 인간의 일거리는 점점 줄어든다. 기계에 의해 인간이 대체된다. 정형적·반복적·숙련적 노동일수록 훨씬 치명적이다. 과거에도 기계가 인간의 일을 꾸준히 대체해왔다. 그러나 초지능 사회가 되면 현재 전문 지식과 사회적 경험을 바탕으로 가치를 창출해온 직업까지 사라진다. 판사와 변호사 등 법조인, 의사와 약사 등 의료인, 변리사와 세무사 같은 전문직, 심지어 기업 내 전문 경영자도 상당 범위의 업무가 인공지능으로 대체될 것이다.

초인류 사회

다음으로 초인류다. 현생 인류, 즉 호모사피엔스를 능가하는 새로운 인류의 탄생 가능성에 대한 이슈다. 유발 하라리의 호모 데우스, 네오 사피엔스, 그리고 아주 작게 연결하면 새로운 도구를 사용하여 새로운 종류의 삶을 살게 되는 Z세대론까지 모두 이 범주에서 다뤄질 큰 주제다.

새로운 시대는 새로운 사람을 만든다. 새로운 기계의 출현에 따라 새로운 종류의 인간이 탄생하고 있다. 물리적으로 인간과 기계가 결합한 인간, 문화적으로 새로운 도구에 익숙한 인간, 사회적으로 새로운 기계 문명의 생태계에서 생산과 유통 및 교역 활동을 하는 인간이 인류 역사상 새롭게 탄생하고 있는 것이다. 이들 모두가 넓은 의미에서 초인류다. 과거의 역사 속에서는 활동하지 않았던 전례 없는 신종new species이다. 생물학적, 기계적, 사회생태적, 생활 습관적으로 모두 기존의, 과거의, 종래의 기성 인간과는 사고 방식, 의식 구조, 행동 방식, 가치 태도, 행복 추구 메커니즘이 확연히 다른 사람들이다. 이들이 새로운 문명을 지배 및 선도하고 향유하며 종속된 다수로서 인간 세상에 편만해질 때, 우리는 신인류 사회로 전환될 것이다. 이들은 의식적이든 반의식적이든 무의식적이든 결국 가정을 바꾸고, 직장을 바꾸고, 사회를 바꾸고, 국가를 바꾸고, 인류 공동체를 바꾸며 새로운 세계를 건설할 것이다. 미래 사회 건설은 소수자에 의해 이루어질 테지만, 나머지 대다수는 동조, 협조, 지원, 방조 등의 행위로 도움을 주게 될 것이다.

물론 과학기술의 발전과 더불어 유전자 조작 기술이 발달함에 따라 우성형질만 조절하여 수명을 늘리거나 질병을 예방하는 종류의 인간, 즉 슈퍼 휴먼super human이 탄생할 가능성 또한 배제할 수 없다. 이에 대해 스티브 호킹 박사도 크게 우려했지만, 이러한 기계적·생물학적 신인류가 아니라도 우리는 이미 그 가능성을 가진 인간으로 변형·이동되고 있다. 만일 실제로 유전자 조작에 의해 인간이 탄생한다면, 더욱 복잡한 양태로 사회가 진화될 것이다. 유전자가 조작된 신인류, 그리고 자연적으로 태어난 구인류unimproved human, 그리고 보다 첨단화하고 강력해진 인공지능이 공존하는 사회를 상상할 수 있다.

초고령 사회

앞서 초연결 사회, 초지능 사회, 초인류 사회의 결과로 파생되는 이 슈가 바로 초고령 사회다. 초고령은 바이오와 헬스, 그리고 게놈 프로젝트와 인공 장기의 발달로 빚어지는 필연적 결과다. 초고령 현상은 100세에 출발하여 120~140세에 이르는 전대미문의 생애 주기를 갖는 신인류를 탄생시키는 바탕이 될 것이다.

현대인에게 인생 100세 시대는 이미 당연하게 인식되고 있을 뿐만 아니라, 기대수명의 증가 속도 또한 더욱 가속화되고 있다. 조만간 인류 인구 100억 시대에 이르게 될 것이다. 100세 시대는 기대수명 기준으로 이미 시작되었고, 현실적으로도 10~20년 이내에 확실히 실현될 전망이다.

초고령 사회가 되면 인간의 생애 주기가 현저히 달라진다. 한 인간의 생애 활동은 보통 태어나 성장하며 학교에서 교육을 받고 직업을 선택해 일을 하다가 은퇴하고 여생을 보내는 것이었다. 하지만 앞으로는 어떻게 달라질지 예측하기 쉽지 않다. 이에 대한 국가적·사회적 재설계가 필요하다. 경제적 관점에서 볼 때 인간은 인적 자원이다. 생산 활동을 해야 스스로 건강한 소비 활동을 할 수 있다. 경제 문제에 대한 사회적 설계가 어설프면 재앙 수준의 사회적 부양 이슈가 생긴다. 사회적 차원에서는 사람들이 탄력 없이 우울해지고 소외되며, 상상할 수 없는 여러 병리 현상이 일어날 것이다. 문화적 차원에서도 현대적 대중문화는 상당 부분 새롭게 재편될 수밖에 없다. 오늘날 단순한 신구 세대의 문화적 차이는 아마 연령에 따른 여러 계층으로 분류되어 다양한 하위문화sub culture가 생겨날 것이다. 기업 차원에서 좋게 보면 많은 기회가 열리는 일이지만, 기존 사업들은 상당한 구조 조정을 당할 것이다. 이러한 모든 영역에서 심각하게 미리미리 준비해야 한다.

초고령 사회는 개인에게 100세 수명을 기대하게 하지만, 지구 전체로 보면 100억 인구의 시대가 온다는 의미다. 2020년 현재 전 세계 인구는 78억 명에 육박한다. 태어나기만 하고 죽지 않는 인류의 시대가 온다. 인도나 남아메리카, 이슬람권의 인구 구조는 피라미드형을 유지하고 있지만, 선진국을 중심으로 인구 구조가 달라지는 추세다. 이에 따라 산업이 달라지고, 직업이 달라지고, 가정의 모습이 달라지고, 개인의 인생 모형이 달라진다. 인구 분포 면에서 연령대별로 균등한 박스형 사회가 오거나, 심지어 역삼각형 모양의 역피라미드형 사회가 올지도 모르겠다.

초경쟁 사회

앞으로의 사회는 모든 경쟁의 경계가 허물어지는 무경계 경쟁, 즉 초경쟁 상태가 될 것이다. 무한 경쟁의 패러다임에 돌입하고 있다.

사회의 경쟁 구도가 달라진다는 뜻이다. 종래의 경쟁은 보이는 경계 안에서의 경쟁자 간 내부 경쟁이었다. 지금까지는 학교 내, 직장 내, 학문 내, 업종 내, 국가 내 경쟁이 기본 경쟁의 패러다임이었다. 그러나 이제 학교 간, 직장 간, 업종 간, 지역 간, 국가 간 경쟁으로 바뀌게 되는 것이다. 다시 말해 경쟁 범위가 무한 확장되는 무

경계의 경쟁 시대가 된다는 의미다.

예컨대 권투 경기에 비유해보면 이해가 쉬울지 모르겠다. 종전의 권투경기는 체급이란 것이 있어 체급 내에서 최강자를 뽑는 체급별 챔피언 선발 방식의 경쟁이었다면, 이제는 모든 체급을 허물고 경기하는 방식이 된 것이다(대경쟁mega competition). 더 나아가 앞으로의 사회는 킥복싱, 레슬링, 가라테, 태권도, 우슈, 무에타이, 주짓수 등 모든 격투기가 함께 붙는 이른바 UFC 체제로 진행될 것이다. 왜냐하면 비즈니스의 영역이 무너지기 때문이다. 산업의 경계가 허물어지고, 사업의 경계가 없어지고, 상품의 경계가 무의미한 시대로 가고 있기 때문이다. 따라서 한 방향만 상대하던 과거의 경쟁과 달리 이제는 전방위로 경쟁 대상이 확대되는 만큼 경쟁이 훨씬 치열해지고 삶은 훨씬 고달파진다.

초경쟁은 사실 특별한 것이 아니다. 그동안 이러한 징후가 지속적으로 나타났기 때문이다. 예를 들어 "나이키의 경쟁사는 리복이나 아디다스가 아닌 닌텐도나 아이폰이다."라는 말은 심심찮게 들려왔다. 그러나 이러한 초경쟁의 패러다임은 앞으로 더욱 가속화되어, '나의 경쟁자가 누구일지 모른다'는 말은 '누구나 경쟁자가 될 수 있다'는 말로 구체화되는 시기가 도래할 것이다.

특히 지금까지의 경쟁이 인간과 인간 사이의 경쟁이었다고 한다면, 이제부터는 인간과 기계의 경쟁이 시작되었다고 보아야 한다. 인공지능의 급격한 발전 속도를 감안할 때 앞으로는 인간 사이의 경쟁보다 인간과 기계의 경쟁, 또는 기계로 중무장한 업계와의 경쟁, 또는 업계끼리의 기계 경쟁으로 그 양상이 다양화될 것이다. 누가 먼저 왓슨Watson 같은 첨단 AI를 확보할 것인가? 누가 세계 최강의 딥러닝deep learning 기계를 개발 및 확보할 것인가? 이러한 질문의 답이 미래 국가 경쟁, 기업 경쟁의 승부를 가르리라는 것은 어렵지 않게 예측할 수 있다.

이상에서 살펴본 바와 같이 우리는 5초 사회의 구체적 양태에 대하여 지금부터 상상력을 발휘하여 섬세하게 예측하고, 분석하고, 연구함으로써 적절한 대응 시나리오를 준비해야 한다.

변화의 맥을
짚어라

1990년대 중반 미국 펜실베이니아대학 와튼스쿨의 AMP(최고경영자과정)에 참가한 적이 있다. 그때 경제학자이자 문명비평가인 제러미 리프킨과 소규모 워크숍을 진행했는데, 당시 주제 중 하나가 바로 '노동의 종말The End of Work'이었다. 내용인즉 하루 8시간 노동은 머지않아 6시간 노동으로 줄어들고 사람들은 남는 시간을 보내기 위해 고민할 텐데 이때 제삼자의 역할이 증대될 것이며, 인류는 줄어드는 급여와 함께 늘어나는 자유 시간을 다양한 NGO나 커뮤니티 활동, 동호회 활동을 하며 인간 사회의 가치를 증대시키는 방향으로 나아가야 한다는 것이었다. 리프킨이 당시 막 출간된 자신의 책《노동의 종말》한국어판에 직접 사인까지 해주며 선물로 주어 여러 가지 담소를 나눈 기억이 난다.

나는 그에게 질문했다. "한국 기업들은 품질 경영과 국제화를 막 시작하고 전 임직원이 글로벌 경쟁력을 갖추기 위해 고군분투하고 있다. 강의 내용이 매우 앞선 개념이지만, 국제 경쟁력을 갖추기 위해서는 정부, 기업, 국민이 하나로 화합하여 시너지를 내는 이른바 '삼위일체 경영'이 한국의 경제 규모나 기업 수준에는 적합하다고 판단하는데, 어떻게 생각하는가?"

리프킨은 내 질문에 대해 깊은 공감을 표시하며, '삼위일체 경영'은 자신 또한 처음 듣는 개념인데 관심을 가지고 계속 연구해보겠다고 말했다.

그 후 25년이 흐른 지금, 그때의 대화를 생각해보니 노동의 종말 시대가 다가오고 있음을 실감하게 된다. 우리가 잊고 있어도 시간이 차면 미래는 몬스터처럼 나타나니, 참으로 등골이 오싹하다. 리프킨은 이후《육식의 종말》과《소유의 종말》등 여러 종말 시리즈를 꾸준히 펴내면서 우리의 미래에 대해 다양한 통찰을 제공하고 있다.

그렇다면 과연 우리에게 소유의 종말이 다가오고 있는가? 그렇다. 소유의 시대가 저물어가고 점유의 시대가 오고 있다. 이른바 공유경제 이슈다. 우버와 에어비앤비 모두 공유경제의 산물이다. 소유가 아닌 일시적 점유 비용만 내는 것이다. 그가 말한 대로 한계비용 제로 사회가 온다면 기업은 어떻게 되는가? 기업의 종말이 올 것인가?

변화가 가져올
3가지 충격

변화는 우리 사회에 어떤 충격을 미칠까? 특히 혁명적 변화가 발생함으로써 나타나는 현상은 어떤 것이 있을까? 물론 변화의 속성이나 분야에 따라 조금씩 다를 테지만, 우리에게 미칠 충격은 다음 몇 가지로 정리할 수 있다.

그 첫 번째 충격은 '기득권의 몰락'이다. 현재의 패러다임이나 체제에서 우월한 지위와 권력, 막강한 영향력을 행사하던 기존 세력의 급격한 몰락을 가져올 것이다. 국가 권력이든 기업 권력이든 조직 권력이든, 심지어 가정이든 개인이든 마찬가지다. 인간이 기본적으로 변화를 싫어하는 가장 큰 이유다. 상대적으로 가진 자든 못 가진 자든 모두가 이왕 가진 것을 상당 부분 빼앗기게 되기 때문이다. 더 이상 잃을 것이 없다고 생각하는 그룹만이 변화에 찬성하게 된다. 어쨌든 지금보다는 나아질 테니까 말이다. 변화에 대한 인간의 본질적 저항성이라 할 수 있다.

변화와 관련하여 나타나는 두 번째 충격은 '멈춰 있는 것들에 대한 저주'다. 막상 변화가 일어나면 대부분 변화의 특성과 방향과 충격을 예의 주시하면서 몸을 수그려 숨죽이고 도사리게 된다. 동물에게서도 자주 보이는 프리징freezing 현상으로, 특히 드넓은 자연이 펼쳐진 미국에서 자주 경험하는 일이다. 밤길 운전을 하다 보면 도로에 출몰한 동물을 자주 만나는데, 그들은 도로 한가운데 서서 밝게 비쳐오는 헤드라이트를 바라보면서도 망연자실 얼어붙은 채 달려오는 차를 기다리고만 있다. 평소 그 날쌘 몸놀림은 어디로 갔는지 얼음처럼 그 자리에 붙어 있다. 그 결과는 참담하다. 변화에 기민하지 못한 동물은 그대로 차에 치어 생명을 잃거나 치명상을 입는다. 우리 인간도 마찬가지다.

변화에 대한 세 번째 충격과 교훈은 '새로운 출발을 향한 축복'이다. 어떤 이유로든 남보다 앞서 과거를 과감히 청산하고, 기존 패러다임을 버리고, 기존 조직을 떠나 새로운 출발을 하는 개인이나 집단은 또 다른 성공의 게이트에 이를 확률이 그만큼 높다는 뜻이다. 새로운 출발은 리스크를 의미한다. 인간이라면 누구나 리스크를 지기 싫어한다. 그럼에도 불구하고 변화의 수레바퀴는 이상한 룰렛 게임과 같아서 새롭게 주사위를 던질 때 행운의 확률, 즉 승률이 높아진다.

미래 코드에
주파수를 맞춰라

코드 4.0의 시대에는 어떤 인재, 어떤 기업, 어떤 국가가 살아남을까? 답은 간단하다. 새로운 문명의 코드에 맞추는 국가, 기업, 조직, 개인은 살아남는다. 문명의 구조 조정은 곧 코드 조정이다. 다가오는 미래에 코드를 정확히 맞춰야 한다.

먼저 국가 경쟁력 문제를 짚어보자. 분명한 것은 AI 기술을 주도하는 국가가 미래의 주도권을 갖게 된다는 점이다. 다시 말해 첨단 인공지능을 지배하는 국가가 미래의 패권을 차지할 것이라는 의미다. 미국과 중국은 4차 산업에서 치열한 경쟁을 하고 있으므로 앞으로도 G2의 자리를 더욱 확고히 지켜갈 것으로 본다. 이스라엘은 카드의 조커처럼, 늘 숨은 조정자가 되어 영향력을 끼칠 것이다. 첨단 기술이 강한 인도도 힘을 쓸 것이다. 러시아는 미지수인데, 잠재력은 있지만 고전할 것으로 본다. 독일은 여전히 탄탄하게, 그리고 착실하게 유럽의 맹주 자리를 차지할 것이다. 우리나라와 일본은 어떨까? 두 나라 모두 가능성이 충분함에도 불구하고 이러저러한 문제로 경쟁력 확보가 쉽지 않을 것 같다.

기업 경쟁력 차원에서 보자면, 역시 미국의 실리콘밸리 기업이 주도권을 갖게 될 것이다. 이스라엘 기업은 기술을 확보한 후 정치적·경제적 영향력을 미칠 것이다. 중국 기업은 변수다. 반반으로 본다. 독일 및 북유럽의 히든 챔피언도 선전할 것이다. 우리나라 기업은 어떨까? 쉽지 않아 보인다.

마지막으로 개인 경쟁력 차원이다. 첨단 벤처 산업 분야에 도전하면 좋을 텐데, 우리나라의 벤처 붐은 이제 다시 일기 어려워 보인다. 젊은이들 사이에 '대기업에 근무하면 중간은 갈 것이다. 하지만 더욱 좋은 것은 공무원이다. 특별한 사고가 없다면 정년까지 간다. 요즘처럼 변화무쌍한 시대에는 안정성이 최고다'라는 인식이 팽배해 있다. 그러나 미래는 프리랜서의 시대다. 코드를 선제적으로 읽는 프리랜서에게는 편안하고 다이내믹한 인생이 펼쳐질 것이다. 그들에게 세상은 아름답기 그지없는 환상의 세계일 테니까 말이다.

미래는 준비하는 자의 몫이다. 경영학의 아버지이자 미래학자인 피터 드러커에 따르면, 미래는 예측하는 것이 아니라 창조하는 것이다. 국가와 기업은 차치하고라도 개인은 과연 미래를 어떻게 준비해야 할 것인가?

미래를 준비하고자 하는 개인, 즉 미래 인재 또는 미래 리더는 이처럼 거대한 미래 변화를 실감하는 순간 기존의 생각 틀부터 바꿔야 한다. 그리고 산업과 기업과 경영이 어떻게 변할 것인지 탐구해야 한다. 아울러 조직과 리더십, 인재상과 자기 계발 방법론의 변화에 대한 '맥'을 짚어가며 자신을 변신시켜야 한다. 미리미리 준비할수록 운명의 여신은 더욱 환한 미소로 답례할 것이다. 다음은 이러한 문명적 변화에 따라 산업이 어떻게 변해가는지 살펴보기로 하자.

2장

눈먼 자들의 도시

산업혁명은
패러다임 혁명이다

4차 산업혁명이 과연 혁명인지 아닌지 어떻게 판단할 수 있을까? 그 판단 기준은 다음과 같다. 만일 산업 구조의 변동으로 산업 전체의 패러다임이 바뀌면 혁명이고, 패러다임의 변화 없이 동일한 패러다임에서 단지 커다란 변화만 일어난다면 혁명이라 할 수 없을 것이다.

패러다임은 토머스 쿤이 《과학혁명의 구조》에서 처음으로 제안한 개념으로, 한 시대의 사회 전체가 공유하는 이론이나 방법 및 문제의식 등의 체계를 뜻한다. 예를 들어 프톨레마이오스의 천동설이 진리로 받아들여지던 시기에 다른 모든 천문 현상은 천동설의 테두리에서 설명되었다. 그러나 코페르니쿠스의 지동설이 등장하면서 천체에 대한 패러다임이 전환되었다.

'패러다임paradigm'이란 말은 본질적으로 2가지 요소를 담고 있다. 하나는 패턴pattern이고, 다른 하나는 관점perspective이다. 패러다임은 패턴이다. 그러므로 동일한 패러다임은 동일한 패턴을 보인다. 다음으로 패러다임은 관점으로서의 의미를 지닌다. 동일한 패러다임을 가지고 있는 사람은 동일한 관점에서 바라본다는 말이다. 패턴이 비교적 객관성을 띠고 있다면, 관점은 주관성을 강조하고 있다고 보아야 한다.

패러다임에 대한 이해가 중요한 이유는, 패턴의 구조와 진행 방향을 알아야 국가적으로나 기업적으로나 개인적으로 폭넓게 응용할 수 있기 때문이다. 아울러 인간 사회에서 벌어지고 있는 글로벌 경쟁 가운데 시대적 패러다임을 선제하여 읽고 앞서 준비해나가려면 다른 사람보다 먼저 새로운 패턴을 읽어내는 것이 무엇보다 중요하기 때문이다.

산업혁명의
시대적 패러다임

아직도 다소 모호한 개념으로 다가오는 4차 산업혁명의 본체를 제대로 이해하려면, 지금까지 산업혁명의 흐름을 주도한 시대적 패러다임의 핵심부터 이해할 필요가 있다.

산업혁명은 영국에서 시작되었다. 그러나 2020년 현재 산업혁명을 주도하는 나라는 미국이다. 따라서 우리는 미국 산업혁명의 흐름을 확실히 돌아볼 필요가 있다. 미국의 산업혁명은 선박→철도→석유화학→철강→전기→자동차→전자, 그리고 AI로 이동을 계속하고 있다. 이러한 주력 산업의 발전을 통해 지금까지 산업 주도권은 다음과 같이 이동해왔다.

먼저 중후장대重厚長大 산업이 발달했다. '큰 것이 작은 것을 잡아먹는 시대'로 선박, 철도, 철강, 화학, 원자력 사업이 주도했다.

다음으로 경박단소輕薄短小 산업이 이어받았다. 이때는 '빠른 것이 느린 것을 잡아먹는 시대'였다. 반도체를 비롯해 전자 부품 산업이 주도했다.

그다음은 미감유창美感遊創 산업 시대였다. '진짜(오리지널)가 가짜(짝퉁)를 잡아먹는 시대'로 뷰티, 브랜드, 명품, 패션, 건강식품, 레저 산업이 크게 성장했다.

그렇다면 이제 4차 산업혁명은 과연 어떤 패러다임으로 시작되고 있는가? 한마디로 초탈무극超脫無極의 산업 패러다임이다. '선connection이 점node을 잡아먹는 시대', '플랫폼platform이 프로덕트product(또는 파이프라인pipeline)를 잡아먹는 시대'다. 이러한 패러다임은 '가상virtuality이 현실reality을 잡아먹는 시대'이니 '가짜가 오히려 진짜를 잡아먹는 시대'가 되었다.

그러나 정작 두려운 것은 '기계가 인간을 잡아먹는 시대'가 되었다는 점이다. 오늘날 미국 주식시장의 시가총액 4강은 IT 4총사인 애플, 구글, 아마존, 마이크로소프트다. 네 곳 모두 플랫폼 기업으로, 각자 자신들만의 가상 생태계를 구축하면서 지금까지 상상할 수 없었던 혁명적 산업 모델을 구축하고 있다. 이외에도 잘 알려진 우버와 에어비앤비, 넷플릭스 등은 가상에서 출발하여 실존하는 모든 기업을 잠식하고 있다.

4차 산업혁명의 물결과 함께 급속히 성장하는 분야를 정리해보면 다음과 같다.

1그룹(하드웨어): 웨어러블, AR/VR, 3D 프린터

2그룹(알고리즘): 빅데이터, AI, 로봇

3그룹(소프트웨어): 5G, 사물인터넷, 클라우드 컴퓨팅

4그룹(이동 수단): 무인 자동차, 드론, 우주항공

5그룹(생명 산업): 나노, 게놈, 바이오, 헬스, 뇌, 인공장기

6그룹(에너지): 환경, 에너지, 무인공장

7그룹(금융): 핀테크, 비트코인, 블록체인

4차 산업혁명은 그 성격에 대해 학자나 전문가 사이에서 여전히 이야기가 분분하지만, 대체로 지금까지 1~3차 산업의 융합적·혁명적 성격을 띤다는 점에서는 의견이 일치하는 듯하다. 그도 그럴 것이 모든 혁명은 사후에 이름 지어지기 마련인데, 4차 산업혁명은 본격적으로 시작하기도 전에 (또는 막 시작한 시점에) 명명되었으니 누가 그 결과를 단언하겠는가? 중요한 것은 이름이 아니라,

새로운 산업의 출현과 기존 산업의 혁명적 변화 여부다.

산업혁명은 본질적으로 인간과 기계의 격돌이다. 일반적으로 생각할 때 1차적으로는 기계와 기계의 격돌이다. 새로운 기술이 이전 기술을 몰아내듯 새로운 기계가 이전 기계를 몰아낼 것이다. 그러나 그다음에는 기계가 인간을 몰아낼 것이다. 또 한 번의 산업혁명을 통한 인간과 기계의 격돌에서 인간은 다시 무릎을 꿇고 대량 학살을 피할 수 없을 것이다. 물론 똑똑하고, 전문적이고, 능력 있고, 창의적인 인간은 문제없이 살아남을 것이다. 그러나 우리가 알다시피 일반인은 그리 발빠르거나 기민하지 못하다.

처음에는 새롭게 탄생한 기계, 즉 AI가 현재 노동력의 20%를 갈아치울 것이다. 다음에는 노동력의 50%를 갈아치우고, 결국에는 노동력의 80%를 갈아치울 것이다. 갈아치운다는 것이 완전히 대체한다는 뜻이 아니라 크게 영향을 미치는 것임을 의미한다면 더욱 그렇다. 물론 지금까지의 전례로 보면 상당한 시간이 걸릴 것이다. 기계의 영향을 받는다는 것은 인간의 부가가치 창출에 대한 금전적 대가가 줄어든다는 것을 의미한다. 쉽게 말해 조금씩 가난해진다는 뜻이다. 처음에는 조금씩, 그러다가 심각할 정도로 많이, 그리고 결국에는 그 일이 없어질 것이다. 이것을 우리는 문명의 구조 조정이라고 한다.

중세 유럽을 지나오면서 이른바 '인클로저Enclosure 운동(종획운동)'이 일어났다. 인클로저 운동이란 15세기 중엽 이후의 유럽, 특히 영국에서 영주나 대지주가 목축업 또는 대규모 농업을 하기 위해 개방지와 공동 방목지 등에 돌담이나 울타리 같은 경계선을 침으로써 공유지를 사유지로 만든 역사적 사건을 말한다. 이로 말미암아 많은 농민은 자신의 토지를 잃고 도시로 이동하여 도시 노동자가 되었다.

알다시피 이때 토머스 모어는 자신의 저서 《유토피아》에서 "양이 인간을 좀먹어갔다."라고 비판했다. 우리가 사는 21세기에 양은 사라졌지만, 양 대신 기계가 인간을 좀먹어가고 있다. 정확하게 4차 산업혁명을 통해 AI가 인간을 좀먹어가게 될 것이다. 그 모습이 컴퓨터든 스마트폰이든 로봇이든 드론이든, 모두 AI의 '트랜스포머'다.

네 번째 파도의 전주곡

나는 기업에서 미래 변화를 지속적으로 추적하는 것을 주요 업무로 수행해왔다. 그 경험을 바탕으로 볼 때, 우리나라에서 4차 산업혁명과 관련하여 새로운 변화의 조짐이 시작된 것은 2013년경이다. 그전까지는 '스마트'를 화두로 하여 기업 경영이 급속히 전개되어왔다. '스마트'는 2010년으로 거슬러 올라가고, 그전의 경영 화두는 '창조'였다. 2006년 경영 성과가 고조된 상태에서 새로운 경영 전략을 모색하던 중 '창조'라는 화두가 집중적으로 부각되었다.

물론 '창조'는 지난 수십 년간 지속적으로 기업 경영에 커다란 도전을 준 핵심 개념이었으며, 앞으로도 기업 경영이 계속되는 한 영원한 화두로 경영 전략의 블루칩 역할을 할 것이 틀림없다.

우리나라는 2000년대 중반에 이르러 IMF 관리 체제에서 거의 벗어나면서, 산업 패러다임이 창조 기반 경제로 이동하기 시작했다. 사회 전반적으로도 '창조'라는 콘셉트가 꾸준히 주목을 끌던 분위기에서, "우리도 이제는 창조 경영을 할 때가 왔다."라는 최고경영자의 주문에 따라 경영 패러다임을 '혁신에서 창조'로 대전환하게 되었고 모든 경영 화두를 창조 경영에 맞추어 전개하기 시작했다.

사실 그것은 이전 약 10년간 숨 가쁘게 이어져온 '디지털 경영'의 맹목적 추진에 대한 반성 또는 경영적 반작용이기도 한 듯했다. 지나치게 기계와 기술화, 비인격화로 전개되던 경영 패러다임에 대한 반동적 측면 또한 있었다고 보아야 한다.

'인간은 기계가 아니다, 디지털도 중요하지만 인간의 감성과 더불어 인간성 회복이 중요하다, 기계와 구별되는 인간의 특성은 바로 상상력이고 이러한 인간의 상상력과 영감 및 통찰력을 바탕으로 한 경영이 바로 창조 경영이다'라는 분위기가 무르익었다.

창조 경영은 미국의 경우 2000년대 초반부터 본격적으로 시작되었다고 보아야 한다. 대표적인 예로 당시 미국을 대표하던 기업 GE를 들 수 있다. GE는 잭 웰치에서 제프리 이멜트로 경영이 승계되면서 '상상을 현실로Imagination at Work', '에코매지네이션Ecomagination', '상상력 돌파Imagination Breakthroughs' 등의 경영 슬로건, 사업 전략, 경영 혁신 전략을 내세우며 새로운 경영 패러다임으로 전환하기 시작했다. 오늘날 경영 분야에서의 미국 경쟁력이 탄탄한 것은 디지털 경영과 창조 경영을 병행하여 균형 있게 추진해온 결과다. 이러한 인간성 회복의 경영 기조에서 디지털 혁명 역시 지속 발전되었고, 웹 2.0 등의 인터넷 진화와 함께 애플의 스마트폰이 출시를 앞두게 되었다. 이때부터 경영의 키워드는 '디지털'에서 '스마트'로 전환된다.

창조 경영은 그때까지의 경영을 일신하고 새롭게 도약하기 위한 '신의 한 수'로 불릴 만한 절묘한 경영 전략이었다. 다만 불운하게도 2008년 세계 금융위기에 의해 국내에서 창조 경영의 불길이 갑자기 사그라져, 글로벌 경영 수준의 업그레이드를 통한 글로벌 경영력을 확보할 수 있었던 천금의 기회를 놓친 것은 참으로 아쉬운 일이다.

이후 2010년을 넘기면서 경영이 조금씩 회복되고 시대가 필요로 하는 새로운 경영 방식을 실천할 수 있는 전기가 마련되었다. 이때가 새롭게 창조 경영의 본질을 살려 본격적으로 전개한 기간이라고 해도 좋을 듯하다. 창조 경영 키워드가 살아나고 다시 한번 고도 성장의 전기를 마련했는데, 무엇보다도 우리나라의 스마트폰이 후발 주자의 열세를 극복하고 애플과의 경쟁에서 상당히 선전한 덕분이다. 이러한 창조 경영의 캠페인이 고조에 달했을 때, 미국을 중심으로 한 글로벌 최전선에는 이미 또 다른 키워드가 등장하기 시작했다. 대표적 키워드는 사물인터넷과 빅데이터, 그리고 초연결성이었다.

전 세계의 퍼스트 무버(선도자)들은 이미 또 다른 세상으로의 진군가를 부르며 새로운 세계를 향해 자신만의 역량을 결집하여 신규 분야에 대한 과감한 투자에 나서기 시작했다. 이른바 '디지털 트랜스포메이션digital transformation'이라는 기치 아래 전 미국이 빠르게 움직이기 시작했다. 변신의 귀재인 천하의 GE를 비롯하여 IBM 등이 나름대로 힘을 경주하는 동안, 퍼스트 무버 주력군은 역시 실리콘밸리의 IT 기업이었다. 이들은 사물인터넷, AR/VR 등의 전자 산업 이외에 로봇, 드론, 무인 자동차 같은 기계 사업, 우주항공 사업, 바이오, 헬스케어, 인공장기, AI와 뇌과학, 에너지, 환경, 그리고 핀테크와 블록체인 같은 금융 분야에 이르기까지 전방위로 뻗어나갔다.

2016년에는 다보스포럼에서 클라우스 슈밥이 '4차 산업혁명'을 언급했다. 같은 해 이세돌이 알파고와의 대결에서 4 대 1로 패하면서, 우리나라는 4차 산업혁명의 열풍에 휘말렸다. 어쨌든 우리나라가 미래 환경에 큰 관심을 가지게 된 것은 바람직한 일이다. 그러나 이러한 관심이 일시적 열기에 그치고 트렌드 파악 차원에 머물면서 경영, 업무, 사업 등 구체 분야에 대한 전략적 대처에 실패한다면, 골든타임을 놓치게 될 것이다. 여기에 깊은 염려와 고민이 있다.

사라진 직장과
4.0 사고

어떤 의미에서 인간에게 일은 가장 중요한 삶의 내용이다. 일을 통해 삶의 의미를 얻고, 일을 통해 가족을 건사하고 행복도 발견한다. 그러므로 하는 일, 즉 직업이 바뀐다는 것은 우리에게 청천벽력 같은 일일 수도 있다.

변화는 위기의 시작이다. 변화는 항상 '전쟁'과 '탄압'이라는 이름으로 희생양 만들기 작업에 들어간다. 여기서 전쟁은 물리적 전쟁 이상의 경제 전쟁, 사회 전쟁, 일자리 전쟁을 포함한다. 이제까지 1차, 2차, 3차 산업혁명을 바탕으로 벌어진 전쟁에서 많은 사람들이 집단적 희생을 당했다. 전쟁은 가혹하다. 개인의 윤리성, 인격성, 성실성 등을 고려하지 않고 모든 것을 쓸어버린다. 과연 이번 혁명에는 누가 희생양이 될 것인가? 당신은 과연 이러한 거대 전쟁에서 안전할 수 있겠는가?

현대 사회의 특징을 한마디로 말하면 '총체적 양극화 현상'이다. 모든 면에 걸쳐 지금까지의 정규분포 곡선에서 양극화 곡선으로 바뀐다. 그 이유는 변화의 원심력이 너무 커서 쏠림 현상이 일어나기 때문이다. 이는 변화의 속도와 관련되는데, 쇼트트랙의 코너링을 생각하면 이해가 쉬울 것이다. 변화가 거세질수록 양극화도 심해진다. 이는 원심분리기의 회전 원리와 같다. 이러한 양극화는 한정된 분야에서만 일어나는 단순한 양극화가 아니다. 거의 전분야에 세분화되어 시차를 두고 양극화가 나타날 것이다.

부의 양극화는 대표적인 하드웨어의 양극화로서, 모든 분야에서 최종 결과로 나타난다. 반면 지식과 기술의 양극화는 소프트웨어의 양극화다. 조직과 사람 사이의 기술 격차와 지식 격차로 나타난다. 가치관의 양극화는 눈에 보이지 않지만 반드시 발생하는 휴먼웨어의 양극화 현상이다. 이에 따라 삶의 속도도 양극화하면서 느리게 사는 집단 대 빠르게 사는 집단의 양극화가 일어난다. 느린 사람은 더 느려지는 반면, 빠른 사람은 더욱 빠르게 스스로를 한층 더 가속화한다.

이로써 최근 도시화와 귀농화가 공존하는 현상을 설명할 수 있다. 달리는 기차에 올라타려는 사람들과 포기하려는 사람들이 공존하는 시대다. 도시 생활은 풍요 속의 빈곤이고, 친절 속에 매정함이 도사리고 있다. 우리 시대는 선택적 관심의 시대다. 급관심과 무관심의 공존, 관심의 양극화다. 인간성의 상실과 가치관의 매몰을 경험하고 있다.

1차, 2차 산업혁명은 인간의 노동력을 빼앗았다. 단순노동직과 숙련노동직을 집중 강타했다. 반면 3차 산업혁명은 전문 기술직 중 하드웨어 직업에 직격탄을 날렸다. 4차 산업혁명은 인공지능 혁명이고 알고리즘 혁명이므로, 인간의 지식과 경험에 직격탄을 날릴 것이다.

우리에게 젖과 꿀이 흐르는 약속의 땅은 과연 어디일까? 최소 10~20년을 버틸 수 있는 새로운 직업 영역 말이다. 그곳은 아마 감성, 가치, 영성과 관련된 분야일 것이다. 인간의 논리와 지식 분야는 이미 기계에 의해 크게 잠식당하고 있다. 지식산업은 4차 산업혁명을 거치며 인간이 기계에게 직격탄을 맞을 직업 분야라 해도 과언이 아니다.

직업의 종류는 우리나라가 약 1만 5000개, 일본은 2만 5000개, 미국은 약 3만 5000개가 넘는다고 한다. 궁극적으로는 이들 중 90%가 사라지고 10%가 새롭게 생겨날 것으로 예측해야 한다. 다소 비관적인 편이 안전하다. 생겨날 직업과 사라질 직업을 분석하자. 안목을 키우고 트렌드를 읽자. 변화의 추세를 분석하자. 변화의 경향을 자세히 관찰하자. 실직의 공포가 몰려오기 전에 미래 안전을 확보하자. 매슬로가 구축한 5층 건물(매슬로의 욕구 5단계 이론)의 2층에 살고 있는 안전의 욕구가 흔들리고 있다.

직업은 있지만
직장은 없다

평생직장의 시대는 갔고, 평생 직업의 시대를 지나 평생 취업과 평생 자유업의 시대가 온다. 과거 우리에게 직장은 생각할 것도 없이 평생직장이었다. 학교를 졸업하고 한 회사에 입사하면, 줄곧 다니다가 정년을 맞이하여 퇴직한다. 좋은 직장, 나쁜 직장은 있어도 한번 들어간 직장에서 최선을 다한다. 우여곡절을 겪으며 직장과 온갖 희로애락을 함께한다. 결혼도 하고, 자녀도 낳고, 집도 장만하고, 평생을 직장과 동고동락하던 시대가 있었다.

그러나 언제부터인가 우리의 직장 생활은 평생 직업의 시대로 전환되었다. 우리나라의 경우 IMF 경제위기를 거치면서 평생직장의 개념이 흔들렸고, 많은 사람들이 강제로 퇴직당하는 새로운 현실을 겪으면서 새로운 직장관을 갖게 되었다. 자신이 평소 아무리 성실하고 책임감 있게 일하더라도 실력, 전문성, 경쟁력이 없으면 더 이상 회사가 자신을 보호해줄 수 없다는 사실을 깨닫자, 자신의 직업적 전문성을 직장보다 더욱 중시하게 되었다. 이른바 평생 직업의 시대로 전환된 것이다.

이제 평생 취업 시대가 열리고 있다. 평생 직업 시대 이후로 다시 10여 년이 지나며, 정년이 연장되는 동시에 비정규직 또한 계속 양산되어갔다. 그 과정에서 직업 전문성의 확보 차원이 아닌 취업 자체가 어려워지는 상황을 맞이하자, 자신의 경제적 안정성 확보를 위해 무슨 일이든 취업 상태에 있기를 원하는 시대로 변모했다.

마지막으로 미래에는 결국 평생 자유업의 시대가 열릴 것이다. 앞으로 직업과 관련한 우리의 태도는 또 한 번의 큰 변화를 겪을 것이다. 과거의 변화가 10여 년을 주기로 이어지면서, 새롭게 등장한 신세대는 과거 기성세대의 직업관과 사뭇 배치되는 새로운 직업관을 갖게 되었다. 직업에 대한 의미와 가치는 퇴색되고, 상대적으로 생의 자유와 삶의 여유 공간을 확보하는 데 더욱 주력하게 된 것이다. '일과 생활의 조화'를 일컫는 워라밸이라는 신조어가 내포하는 것처럼, 일은 삶을 위한 경제 수단 이상의 가치를 갖지 않는다는 경향을 띠게 되었다. 대개의 경우 직업은 삶의 전부에서 일부로, 목적에서 수단으로 자리매김하게 될 것이다.

남들이 가지 않는
길을 생각하라

21세기는 더 이상 직장을 제공하지 않는 사회가 될 것이다. 특히 우리나라는 이제 직장을 제공하지 않는 사회로 이동한다. 지금 우리나라는 저성장 국면으로 접어들고 있다. 그래서 성장이 멈춘 사회로 가고 있기 때문에 일자리가 문제된다고 생각하고 있다. 과도기이므로 일리 있는 분석이다. 하지만 4차 산업혁명과 AI 시대가 초래할 사회는 결국 '고용 없는 성장'이 이루어지는 사회다. 기계에 의한 인간 파괴는 곧 기계에 의한 일자리 파괴라는 모습으로 나타난다.

이때 일어나는 몇 가지 현상이 있다.

첫째, 위대한 산업 시대의 종말과 회사형 인간의 멸종이다. 산업 시대가 위대한 까닭은 영화 〈모던 타임즈〉에서 지적한 인간 소외나 부품화의 문제에도 불구하고 우리에게 일자리를 제공했기 때문이다. 경제는 성장 가도를 달렸고, 파이가 커지면서 개인의 지분도 커져갔다. 부정적으로 표현하자면 '부유한 노예 생활'이다. '부유한 자유인'과 비교하면 분명 비극이지만, 반대로 '빈곤한 노예'에 비해서는 축복이었다.

이제는 부유한 노예에서 빈곤한 자유인으로 이동하는 것을 축복이라고 해야 할지 저주라고 해야 할지 결정하면 되는 것이다. 조직에서 아무리 오랫동안 열심히 근무해도 승진은 점점 더 어려워진다. 조직의 승진 사다리가 무너지고 있기 때문이다. 아무리 열심히 해도 정상에 도달한 확률은 점점 낮아진다. 불가능해졌다고 해도 지나친 말은 아닐 성싶다.

둘째, 직장은 비전을 실현하는 곳이 아닌 안전을 보장받는 곳으로 생각이 바뀐다. 과거 직장 생활은 철창에 비유되었다. 스스로 철창에 갇힌 새는 언제 철창에서 벗어나 훨훨 날아갈 수 있을까 갈망했지만, 이제는 철창으로 몸을 숨기는 새의 신세를 더욱 선호하게 될 것이다. 그럼에도 불구하고 비정규직이 더욱 양산되면서 우리 사회는 꿈이 없는 사회로 이동한다. 꿈이 없는 사회는 활력을 잃고, 눈앞에 펼쳐지는 쾌락과 오락에 탐닉하게 된다.

현대는 위기와 기회가 상존하는 시대다. 위기만 두려워할 것이 아니라 '기회를 보는 습관'을 들여야 한다. 그러려면 '남이 가지 않는 길'을 가야 한다. 여기서 두 가지 방식이 우리의 선택을 기다리고 있다. 만일 성공하고 싶다면 다른 사람과 다르게 살면 된다. 만일 실패하기 싫다면 다른 사람처럼 살면 된다.

제4의 시대에 과연 우리는 어떤 직업관을 가지고 생활할 것인가? 직업과 인생을 함께 묶어 생각해야 한다. 인생이란 무엇인가? 인생과 직업은 어떤 관계가 있을까? 그리고 직장 생활을 어떻게 해야 할까? 직업의 성공이 인생의 성공을 좌우한다. 우리는 왜 일하는가?

4.0은 새로운 직장 생활의 패러다임이다. 최적과 완성의 의미가 내포되어 있다. 그러므로 선배의 삶은 별로 참고가 안 된다. 그들은 2.0이나 3.0 인생을 살아온 사람들이기 때문이다. 당신은 지금 나이가 몇이든 프로스트의 '가지 않은 길'을 갈 수밖에 없다.

모든 것을 다시 짜야 한다. 3.9999와 4.0의 차이는 0.0001의 차이지만, 모든 것의 차이기도 하다. 중요한 것은 소수점 이하를 바꾸는 작업이 아니라 소수점 앞을 바꾸는 작업이다. 새 술은 새 부대에 담아야 하듯, 새 틀은 새 시대에 맞게 다시 짜야 한다! 자신의 인생을 누더기로 만들지 말라. 여기 조금 고치고 저기 조금 고치고 하다 보면 누더기가 된다. 짜깁기 인생을 살려는가? 모자이크 같은 삶을 살아서는 안 된다.

더 이상 머뭇거릴 시간이 없다. '소중한 내 인생'을 위해서라면 말이다. 그리고 당신이 아직 인생을 포기하지 않았다면 말이다. "비성非誠이면 무성無成이고 지성至誠이 감천感天이다." 변화에 맞서 최선을 다해 싸워야 한다. 그러기 위해서는 정신을 바짝 차려야 한다. 설령 몸은 바빠도 마음이 바쁘면 안 된다. 생각하는 힘을 키우자.

네 번째 파도를 넘기 위한 4.0 사고

'산업혁명은 결국 생각 혁명이요 사고 혁명'이라는 명제가 사실이라면, 우리는 4.0 사고를 집중적으로 훈련하고 개발해야 한다. 4차 산업혁명이 진짜 본질적 혁명이라면, 가장 먼저 '사고 혁명'에서 출발해야 한다. 그렇다면 이전과 달라진, 차별화되는, 업그레이드된 인간의 사고 패러다임은 무엇일까? 우리가 선뜻 말할 수 없으니 일단 4.0 사고라고 칭하자. 4차 산업혁명 시대에 필요한 것은 4.0 사고다. 4.0 사고란 스스로 문제를 제기하고 스스로 답을 내는 능력을 의미한다. 스스로 질문하고 스스로 답을 내는 사고 능력이 우리에게 익숙한 사고 패턴은 아니다.

이해를 돕기 위해 우리에게 익숙한 학교 시험을 예로 들어보자. 우선 1.0 사고는 주어진 문제의 답을 객관식으로 골라내는 능력이다. 정답은 이미 여러 항목 가운데 하나로 제시되어 있고, 그중에서 올바른 답을 선택하면 된다. OX 문제는 가장 간단한 1.0 사고다. 물론 1.0 사고의 기본 바탕은 이분법적 사고 또는 흑백논리다. 그보다 조금 발전한 것이 4지선다 사고인데, 넷 중에는 반드시 답이 있다는 사고방식이다. 이에 반해 5지선다는 상당한 지적 확장을 요구한다. 주어진 항목들 가운데 답이 없을 수 있다는 사고형식은 1.0 사고 중에서는 단연 높은 수준의 사고방식이다.

2.0 사고는 주어진 문제에 자유 기술을 하는 태도다. 스스로 답을 써야 하는 일종의 단답형 사고다. 다만 자기 생각을 이야기하지만 그 사고의 성향은 정답, 즉 모범 해답을 추구하는 방식으로 접근한다. 객관적 정답이 무엇인가를 생각해서 답을 제출하는 방식이다. 나의 답변과 다른 사람의 답변이 같을수록 안전하다. 객관적으로 표준형 답안을 찾아야 하기 때문이다. 그러므로 2.0 사고는 표준화된 답안이나 해결책이 최고라고 생각한다.

3.0 사고는 주어진 문제에 대해 다른 사람과 다른 답변을 찾는데 주력한다는 점이 다르다. 따라서 3.0 사고는 스스로 창의적인 답변을 찾아내려고 골몰한다. 다른 사람이 미처 생각하지 못한 새로운 생각, 남다른 생각, 독특한 생각 등의 창의적 사고를 요구하는 패턴이다. 다른 사람이 일반적으로 생각해낼 수 있는 답을 내면 실패이고, 다른 사람이 생각지 못한 나만의 생각은 득점이 된다.

마지막으로 4.0 사고는 이제까지와는 완전히 다른 사고 패턴이다. 4.0 사고는 문제화되지 않은 상황에서 스스로 문제를 제기하여 그 본질을 발견하고 해결책을 찾아가는 사고방식을 말한다. 먼저 4.0 사고는 문제 자체에 도전한다. 주어진 문제를 해결하려는 사고가 아니라 드러나지 않은 문제를 발견하고, 문제를 제기하고, 문제를 만들어내는 식의 사고방식이다. 3.0까지는 학생 수준의 사고방식이다. 주어진 문제에 반응하는 상태이기 때문이다. 반면 4.0 사고는 교사 또는 출제자의 사고를 하는 것이다. 만약 문제가 주어진 경우라면 본질적으로 문제에 문제는 없는지, 다시 말해 제대로 된 문제인지 검증부터 시작한다. 왜냐하면 문제가 올바르지 않다면 아무리 올바른 해결책을 찾아도 틀린 답이 되기 때문이다. 문제에는 문제가 없다는 생각에서 출발하는 3.0 사고까지와는 차이가 있다.

1.0 사고부터 4.0 사고까지는 고민의 깊이와 사고하는 방법의 상이함을 보여준다. 우리는 어린 시절부터 오랫동안 1.0 사고로 훈련받았기에 그 사고방식에 매우 익숙하다. 고정적이고 정형화된 사고를 한다는 뜻으로, 실제로는 깊이 생각하려 하지 않고 누군가의 생각을 동의 또는 차용하는 방식의 사고방식이다.

2.0 사고는 스스로 생각을 하려고 하지만 다른 사람은 어떻게 생각할지 염려하며 일반인과 동일한 생각으로 자신의 생각을 맞추려 한다. 표준화된 보편적 생각을 지향한다는 말이다. 다른 사람과 생각이 다르면 불안해지고 스스로의 생각을 잘못된 것으로 간주하여 자기 생각을 다른 사람, 특히 훌륭한 사람의 생각에 맞추고자 한다.

반면 3.0 사고는 좀 독특하다. 다른 사람과 다른 생각을 하려고 노력한다. 이른바 창의적 사고를 하는 습관이 있다. 다른 사람의 생각과 같은 생각으로는 성공할 수 없으며, 차별화도 안 되고 승산도 없기 때문이다. 3.0 사고를 하는 사람들은 톡톡 튀는 아이디어, 남다른 생각, 다른 사람이 즐겨 생각하지 않는 방식으로 생각하는 습관이 배어 있다.

4.0 사고는 더욱 다르다. 문제가 문제화되기 이전에 남보다 앞서 문제로 인식하고 선제적으로 답을 내는 사고방식이다. 문제가 문제화되기 전에는 보통 사람들에게 문제가 아니다. 누군가 문제를 문제로 제기할 때 비로소 문제가 된다. 하지만 실제로는 처음부터 문제였던 것이다. 다만 사람들이 이를 문제로 인식하지 못했을 뿐이다.

4차원 사고로
업그레이드하라

이제부터 4.0 사고로 문제를 파악하고 세상을 바라보는 훈련을 통해 안목을 길러보기로 하자. 그래서 앞으로 전개되는 모든 영역은 4.0 방식으로 분류하여 해석하고 논리를 전개해보기로 한다. 완벽하지는 않겠지만, 이러한 시도를 통해 4.0 사고 체계로 다가가는 시도는 상당한 의미가 있다고 생각한다.

기하학에 점, 선, 면, 공간이 있다. 점(0)에서 시작해 선이 1차원이고 면은 2차원, 입체는 3차원, 가상 공간은 4차원이다. 우선 점의 사고가 있다. 한 점만 생각하며 연관 관계는 전혀 파악하지 못하는 사고 형태다. 선형 사고는 1차원적 사고다. 모든 것을 일직선으로 생각한다. 전후 관계로만 파악한다. 프로세스 사고가 전형적인 선형 사고다. 인과관계를 중심으로 사고하고 주변 상황은 인지하지 못한다. 반면 면형 사고는 평면적 사고다. 길이와 넓이를 파악한다. 전후 관계와 주변 관계도 파악한다. 그러나 다른 각도에서 생각하는 방식을 모른다. 높이 감각이 없다. 길이와 폭에 대한 감각은 있는데 높이에 대한 감각이 부족하다. 사물을 3D 공간으로 해석하지 못하고 오직 평면적으로만 바라본다. 2D적 사고다.

공간 사고는 입체적 사고 또는 3D 사고라고 한다. 전후, 좌우, 높이를 모두 바라본다. 입체감이 생긴다. 2D 사고와 3D 사고는 회화와 건축의 차이라고나 할까? 회화는 캔버스 위에 작업하는 전형적인 평면 예술이다. 반면 조각이나 건축은 3D 입체 예술이다. 그래서 사물을 늘 3차원에서 바라보고 해석한다. 생각 또한 3차원으로 하는 것이다.

여기에서 한 걸음 더 나아가면 4D 사고가 있다. 3차원 공간에 한 차원을 더 보태어 사고하는 것이다. 가상 공간 사고라 할 수 있다. 예를 들자면 보이지 않는 것을 그려내는 상상력, 회화에 시간을 보태는 애니메이션, 건축에 보이지 않는 영감이나 상상적 산물을 추가하는 4차원 예술 같은 것이다.

지금까지 세상에서 강조되어온 바람직한 사고 형태는 3.0 사고였다. 즉 '입체적 사고를 하라'는 것이었다. 대부분의 사람들이 평면적 사고를 하고 있었으니 말이다. 보통 창의적 사고와 입체적 사고를 동의어 비슷하게 사용했지만, 이제는 개념을 분리해야 한다. 이제부터 창의적 사고라고 한다면 3차원 사고로는 부족하고 4차원 사고를 해야 한다. 세상이 4.0 시대로 가면 모든 것이 4.0에 맞추어져 업그레이드되어야 한다. 사고방식 또한 3.0 사고에서 4.0 사고로 업그레이드되어야 한다. 이것이 4차 산업혁명을 '사고 혁명'이라고 하는 이유이기도 하다.

맥락을 읽어내는
4개의 눈

《눈먼 자들의 도시》는 노벨 문학상을 수상한 포르투갈의 작가 주제 사라마구의 대표작이다. 영화로도 제작된 이 작품은 볼 수 없는 사람들 사이에서 살아가는 보이는 자의 관점에서 바라본 세상을 표현한다. 오늘날 대부분의 우리는 지식과 기술이 아무리 발달해도 생각과 안목을 키우지 못해 점점 더 눈먼 자들이 되고 있다. 이러한 현실에서 우리는 하루빨리 눈을 뜨고 '미래맹未來盲'에서 탈출하려는 노력이 필요하다. 눈에 보이는 것만 보는 것이 아니라, 보고 싶은 것만 보는 것이 아니라 보이지 않는 것을 볼 수 있는 능력이 불확실한 미래를 헤쳐나갈 '눈다운 눈'이다. 당신은 지금 이 시대가 필요로 하는 제대로 된 눈을 가지고 있는가?

세상을 바라보는
4가지 눈

우리는 눈, 귀, 코, 입, 그리고 피부라는 5가지 감각기관을 통해 외부의 정보를 인식하고 판단한다. 이러한 관점에서 볼 때 우리의 감각기관 중에서 가장 중요한 것은 아마 눈일 것이다. 우리 인간에게 '본다'는 것은 참으로 중요하다.

보는 것에도 다양한 접근이 있다. 외부 세계를 정확히 인식하려면 다음 네 종류의 눈이 필요하다.

첫 번째는 시력視力이다. 무엇보다 시력이 좋아야 자세히 볼 수 있다. 특히 남이 보지 못하는 것을 보려면 1차적으로 좋은 시력이 필요하다. 학교 공부에도 시력은 꼭 필요한 무기다. 운동을 할 때도, 혹은 사회생활에서도 좋은 시력은 커다란 보탬이 된다. 기업 경영의 세계에서도 마찬가지다. '경영은 디테일'이라고 할 수 있다. 우리가 왕왕 "경영자는 디테일에 강해야 한다."라고 말할 때 필요한 것은 바로 시력이다. 물론 상징적 표현이지만 말이다.

두 번째는 시야視野다. 남이 못 보는 것을 보려면 좋은 시력뿐 아니라 넓게 볼 수 있는 힘이 필요하다. 남보다 넓게 보기 위해서는 한마디로 시야가 넓어야 한다. 아무리 시력이 좋아도 넓게 볼 수 없다면 제대로 보고 있다고 말할 수 없다. 경영자에게는 폭넓은 시야가 요구된다. 멀리 보고 넓게 보고 다양하게 바라볼 수 있는 눈이 요구된다. 일반적으로 누군가가 안목이 좋다고 할 때는 남보다 훨씬 넓은 시야를 가지고 있다는 뜻이다.

세 번째는 시각視角이다. 시력이나 시야와 달리 시각은 사물을 바라보는 각도다. 다른 사람과 다르게 본다는 것은 다른 각도에서 바라보는 능력이 있다는 의미다. 모든 사람이 같은 각도에서만 바라보고 판단하면 단선적 방향으로만 접근할 가능성이 높다.

21세기는 다양한 변화가 파상적으로 일어나고 있는 복잡계 세상이다. 이러한 세상에서 사물이나 사건의 움직임을 다양한 각도로 바라보아 종합적으로 분석 및 판단할 수 없다면, 조직이나 개인이나 매우 위험한 상황에 놓일 것이다. 이 점에서 다른 사람이 보지 못하는 다른 각도에서 바라볼 수 있는 특별한 능력을 가졌다면 매우 커다란 무기를 확보한 셈이다. 다른 각도에서 보면 문제가 다르게 보여 해법도 달라지기 때문이다. 남다른 시각은 일종의 입체적 사고 능력과 연관되는 능력으로, 최근 그 중요성이 점점 더 강조되고 있다.

마지막 네 번째는 시선視線이다. 시선은 사물을 바라보는 관점을 말한다. 사물을 올바로 바라보기 위해서는 제대로 된 시선을 가져야 한다. 변화로 가득한 세상에서 모든 것이 시시각각으로 변해 갈 때 우리는 자칫 고유한 시선을 놓칠 가능성이 있다. 시각이 변하는 것을 파악하는 능력이라면, 시선은 변하지 않는 본질이나 원칙을 파악하는 능력이라 할 수 있다. 모든 것이 변할 때 잘못하여 시선을 놓치면, 자칫 무게중심을 잃을지도 모르고 본질에서 벗어나거나 원칙이 무너져 내리는 위험한 판단을 할 수도 있다.

이상 4가지 눈이야말로 큰 조직을 이끄는 지도자에게 필수적이다. 국가, 기업, 조직을 이끄는 지도자의 눈이 그 집단의 미래이기 때문이다.

기하학적으로 모든 사물이 점, 선, 면, 공간으로 발전되듯 우리의 '사물을 바라보는 눈'도 다양하게 개발되어야 한다. 특히 경영자나 리더에게 필요한 입체적 사고는 3.0의 눈, 즉 다면적 시각이 발달해야 가능하다. 사물을 다각도로 바라보고 인식을 키워갈 때 우리는 입체적으로 사고한다고 말할 수 있다.

이들 네 종류의 안목을 제대로 활용해야 4차 산업혁명의 도전이 시작된 4.0 시대에 사물의 본질을 제대로, 입체적으로, 보이지 않는 것까지 볼 수 있는 '4.0 눈'을 갖게 될 것이다. 여기서 핵심은 결국 '보이는 않는 것을 보는 힘'이다. 요즘같이 치열한 글로벌 초경쟁 환경에서 승리하려면 '남이 보지 못하는 것을 볼 수 있는 힘'을 가져야 한다.

세상이 안정되어 변화가 심하지 않았다면 4가지 눈 가운데 하나만 좋아도 살아가는 데 큰 지장이 없었을 테고, 지금까지는 아마 다른 사람보다 훌륭하다는 소리를 듣고 탁월한 면모를 과시하며 살아왔을지도 모른다. 그러나 변화의 파고가 높을수록, 불확실성이 높아질수록 우리에게는 4가지 눈이 모두 필요하다. 4개의 안테나, 4가지 촉수를 모두 가지고 4차원으로 세상을 바라보고 판단해야 한다.

4가지 눈으로 세상을
어떻게 볼 것인가

가장 오랜 역사를 지닌 문자 중 하나인 한자에는 보는 것을 표현하는 4가지 글자가 있다. 바로 시視, 간看, 견見, 그리고 관觀이다. 앞서 말한 본다는 개념은 시視, 곧 물리적인 것으로 보는 방식의 4가지 방식을 말한 것이다. 이제 보는 사람의 태도까지 합치면 보는 것에도 4단계가 있다는 것을 알게 된다. 먼저 시視는 보여서 보는 것이다. 신체적·물리적으로 볼 수 있는 능력을 의미한다. 시력, 시야, 시각, 시선을 최대한 이용해 볼 줄 알아야 한다. 다음으로 간看은 그냥 대략 훑어보는 것이다. 주마간산走馬看山이라는 말이 대표적 표현이다. 견見은 특별한 의도를 가지고 신경 써서 보는 것으로, 견문록이나 견학 같은 곳에 쓰이는 글자다. 마지막으로 관觀은 추상적 개념 같이 물리적으로 보이지 않는 것을 꿰뚫어 일관성 있게 보는 것이다. 인생관, 가치관, 역사관이라고 할 때의 관이다.

이것이 이른바 '본다의 4단계'다. 먼저 물리적으로 보여서 보는 시視의 단계에서 출발하여, 그저 부담 없이 전체를 대충 훑어보는 간看을 거쳐, 다음으로 구체적 목적과 의도를 가지고 신경 써서 보는 견見의 단계를 지나, 보이지 않는 추상적 개념 등을 통찰할 수 있는 관觀의 단계로 나아간다.

보는 것 하나에도 이처럼 여러 종류가 있다. 어쨌든 우리의 삶에서 보는 것은 중요하다. 우리는 사물을 바라봄으로써 그 현상과 개념을 이해하고 파악한다. 그래서 제대로 본다는 것은 참으로 중요하다. 어떻게 보았는가? 視로 보았는가, 看으로 보았는가, 見으로 보았는가, 아니면 觀으로 보았는가에 따라 보고 이해하는 것의 차원이 달라진다.

예를 들어 해외로 출장이나 여행을 갔다고 하자. 여기 네 종류의 사람이 있다. 첫 번째 부류는 열심히 사진을 찍으며 낯선 경치, 특별한 건축물, 특이한 장소를 하나도 놓치지 않고 세심하게 본다. 눈을 똑바로 뜨고 하루 종일 이것저것 많이 보는 것이다. 그렇게 사진도 수없이 찍고 열심히 보았는데, 돌아와보니 뭘 보았는지 정리가 안 된다. 視로 보았기 때문이다. 두 번째 부류는 뭐든지 설렁설렁 보는 사람이다. 어디를 가도 특별한 관심이 없고, 대충 보고 다닌다. 다녀와서 본 것에 대해 이야기를 해보라고 하면 간단히 스케치하듯 설명하고 만다. 디테일에 대해서는 기억이 없다. 자세히 보지 않았기 때문이다. 看으로 다녀온 사람이다. 세 번째 부류는 하나를 보더라도 신경 써서 본다. 관찰력이 좋고, 때로는 현지인에게 질문도 건넨다. 필요한 경우 간단히 메모하거나 정성껏 기록하기도 한다. 다녀온 뒤에는 전체 일정과 주요하게 본 사항, 자신의 느낌까지 꼼꼼히 정리한다. 현장에서 얻은 자료를 정리하여 이른바 견문록을 써내는 사람이다. 형식적으로 출장 보고서를 정리하는 것을 넘어서, 가보지 않은 사람으로 하여금 마치 가본 것처럼 느끼게 만드는 재주와 열심을 가진 사람이다. 見으로 보았기 때문이다.

마지막 부류는 이것저것 보기도 하고 때로는 안 보기도 한다.

사진을 열심히 찍어대며 요란을 떠는 일도 없고, 각종 메모나 기록을 부지런히 하는 것 같지도 않다. 가끔은 멀리서 바라보기도 하고, 일행과 떨어져 뭔가 골똘히 생각에 잠기기도 한다. 때로는 열심히 보는 듯하고, 때로는 건성건성 넘어가는 듯하다. 이런 사람이 만든 보고서나 자료는 분량이 그리 길지도 않다. 때로는 글을 생략하고 말로 대신하기도 한다. 그러나 그 글이나 말은 한마디로 예술이다. 현지에서 보고 듣고 경험한 것에 자신의 생각과 의견을 더하는 것은 물론, 그 결과를 현장에서 어떻게 적용하고 회사의 미래를 위해 응용하고 착안할 점은 무엇인지 간단명료하게 정리해낸다. 한 번 다녀왔을 뿐인데 열 번을 다녀온 사람이나 이야기할 법한 수준 높은 해석을 쏟아내는 사람이다. 觀으로 보았기 때문이다. 마음의 눈으로, 역사의 눈으로, 현지인의 눈으로, 회사의 눈으로, 상대의 눈으로 본 뒤에 보고 받는 사람의 눈으로 렌즈를 돌려 자신이 본 것을 해독했기 때문이다.

숲과 나무를
동시에 보는 눈

만일 당신이 직원을 출장 보내는 경영자라면 누구를 보내겠는가? 시視, 간看, 견見, 관觀. 네 글자일 뿐이지만, 그 차이로 회사의 운명이 바뀔 수 있다. 메이지유신 시대 일본은 국내 정치가 엄청 혼란한

맥락을 읽어내는 4개의 눈

와중에도 정부 관료와 학생 등으로 구성된 이와쿠라 사절단을 선진 유럽 각지로 보내어 근대화를 이루었다. 그러나 그때 우리는 그러지 못했다. 이제 과거를 돌아보고 반성하며 우리의 미래를 만들어가야 하지 않을까? 시력, 시야, 시각, 시선이라는 4가지 눈을 통해 視에서 시작하여 見을 거쳐 觀까지 가야 한다.

사물의 본질을 파악하는 일이 점점 중요해진다. 예전에는 나무를 바라볼 때 뿌리, 줄기, 가지, 잎 중 어느 하나만 제대로 파악하고 있어도 일상을 살아가는 데 지장이 없었다. 그러나 이제는 세세한 이파리는 물론이고 가지와 이들을 구성하는 커다란 줄기, 그리고 보이지 않는 뿌리까지 모두 파악하고 있어야 한다. 한 걸음 더 나아가자면, 나무 한 그루만 파악하는 정도로는 곤란하고 숲 전체를 파악하는 거시적 안목을 함께 갖추어야 한다. 뿌리, 줄기, 가지, 잎, 나무, 숲을 모두 파악하는 통시적 안목이 필요한 시대가 다가오고 있다.

맥락적 안목은 달과 손가락의 비유로도 설명할 수 있다. 달을 가리키는데 손가락을 바라보는 우를 범해서는 안 된다. 손가락에서 벗어나 그 끝이 가리키는 달을 볼 수 있는 안목과 사고를 기르도록 부단히 노력한다면, 다가오는 미래의 실상을 파악하는 데 성공할 것이다.

데이터가 지식을
이기는 시대

현대는 정보 지식이 지배하는 사회다. 안다는 것은 필요한 정보 지식을 확보하고 있다는 뜻이다. 그래서 앎의 과정은 정보의 지식화 과정과 다름없다. 정보는 다음과 같은 단계로 지식화가 일어난다.

데이터→정보→지식→지혜→진리

진리truth가 신의 영역이고 지식knowledge이 인간의 영역이라면, 데이터data는 기계의 영역이다. 4차 산업혁명에 의해 인공지능이 확보한 데이터가 드디어 인간이 만들어가는 지식을 이기는 시대가 온 것이다.

세상의 변화는 곧 내가 '아는 것'의 변화다. 우리는 스스로 안다고 생각했던 것이 진정으로 아는 것이 아닐 때 무척 당황하게 된다. 우리가 알던 것이 어느덧 변하여 모르는 것이 된다. 세상의 변화는 지금까지 우리가 알고 있던 것을 마구 빼앗아 간다. 새로운 사회는 오히려 기계가 모든 것을 다 아는 사회다. 머지않아 개별적 인간이 모르는 것조차 기계는 모두 다 알게 될 것이다. 이른바 내가 통제했던 '앎의 세계의 거대한 지각변동'이다.

우리는 이제 단순히 '아는 것'에서 '할 수 있는 것'으로 이동해야 한다. 빅데이터 시대가 진행될수록 '안다'의 저주가 가속화될 것이다. 기계에 의한 데이터가 인간에 의한 지식을 이기는 시대가 왔기 때문이다. 과거 앎을 자랑하던 인간의 지식 세계가 기계에 의한 지능 세계로 역전되고 있다. 이제부터는 '아는 자가 아는 자가 아니고 할 수 있는 자가 아는 자다.' 당신은 아는 자에서 하는 자로 이동할 준비가 되어 있는가? 인공지능이라는 기계문명은 아는 자들에 대한 폭격을 시작할 것이다. 단순히 아는 자는 죽고 할 수 있는 자만이 살아남는다. 즉 '행자생 지자사行者生知者死'의 시대가 오고 있는 것이다.

이제 단순히 아는 것만으로 지식은 더 이상 부가가치를 만들어내지 못한다. 자신의 지식을 스스로 디자인하여 새롭게 맥락을 짚어내고 스스로 문제에 대한 해법을 풀어내야 한다. 이것은 창조적 지식, 곧 새로운 지식이 되어 세상을 변화시키고 새로운 세상을 만들어낼 것이다.

세상은 맥락으로
이해해야 한다

시대를 읽고, 문명을 해석하고, 미래를 예측하기 위해서 가장 필요한 것은 무엇인가? 물론 책을 읽고 공부하여 지식을 쌓거나, 실제의 현상을 분석하고 경향을 파악하여 트렌드를 이해하는 일도 중요하다. 그러나 가장 중요한 것은 어떤 문제든 그 핵심적인 맥을 잡아내는 일이다.

세상은 어디에서 와서 지금 어디에 있으며 앞으로 어디로 가는가? 나는 누구이고 어디에서 와서 어디로 향해 가고 있는가? 사건은 어떻게 발생하여 서로 어떤 영향을 주고받으며 어떤 인과적 특성에 따라 전개될 것인가?

역사의 맥, 변화의 흐름, 시대를 관통하여 흐르는 원리와 이치를 제대로 파악하여 그 사이를 관통하는 맥을 이해해야 한다. 맥락을 정확히 파악하려면 우선 시간의 흐름에 따른 전체적 맥락을 잡아야 한다. 이것이 시간의 맥이다. 다음으로는 공간적으로 공통점과 차이점을 이해하며 상호 비교 차원에서의 맥을 잡아야 한다. 이것이 공간의 맥이다. 마지막으로 주제나 인물, 사건을 종합적으로 정리하여 이들 사이의 관계적 맥락을 파악해야 한다. 이러한 시간, 공간, 인간(사건)이라는 3가지 접근법으로 분석할 때 어떤 것도 어렵지 않게 맥을 잡을 수 있다.

21세기는 대전환의 시대, 대변혁의 시대, 대분기의 시대로 대변된다. 이러한 환경에서 급변하는 세상의 변화와 이에 대한 맥을 제대로 파악하려면 혈도를 짚듯 복잡한 이치를 단순화하여 간명하게 읽어낼 수 있는 맥락적 사고가 필수적이라 할 수 있다.

맥락적 사고를 위해서는 사물이나 사안, 사태, 사건 등에 대해 여러 방법론적 궁리를 함으로써, 이를테면 점으로 보기, 선으로 보기, 면으로 보기, 입체적으로 보기, 보이지 않는 것 보기 등을 함으로써 그 속에 흐르는 본질이나 원리를 제대로 파악할 수 있는 눈, 시대를 관통하는 자기만의 눈을 갖는 것이 필요하다.

전문적 사고는 종적 사고다. 수직으로 깊이 파 들어가면 된다. 누적의 법칙이 작용하므로 더욱 많은 시간을 할애해 깊이 연구하면 할수록 양질의 생각과 지식을 얻는다. 반면 맥락적 사고는 횡적 사고다. 이질적 현상이나 사건을 관통하는 원리를 찾아내야 한다. 그것이 바로 패러다임이다. 그러므로 단순한 시간 투입으로 해결할 수 있는 문제가 아니다. 종으로, 횡으로 이렇게 저렇게 사통팔달에 이르도록 훈련되는 일종의 복잡계 사고다.

대변혁의 시기는 패러다임이 바뀌는 시기다. 시대정신이 바뀌고, 개별 현상은 이에 종속된다. 패러다임 파악이 어려운 이유다. 지금까지 습관적으로 계속해온 전문적·집중적 사고 훈련만으로는 방대한 흐름을 꿰뚫어 보는 안목이 부족할 수밖에 없다.

지식 세계를 가로지르는
대륙 횡단 사고

이제는 횡단적 사고 훈련을 해야 한다. 나는 미국에 머물 때 두 번의 대륙 횡단을 경험했다. 한번은 플로리다에서 샌디에이고까지 일주일간 남부를 횡단했고, 다른 한 번은 샌디에이고에서 워싱턴 D.C.까지 2주간 중부를 관통했다. 그 여행을 통해 깨달은 점이 있었다. 대륙을 횡단하면서 시차가 생기고, 지역별로 기후가 다르고, 풍속이 다르고, 사람들이 사는 습관이나 생활 양식도 다르며, 심지어 사고방식이나 의식구조도 모두 다를 수 있음을 몸으로 깨닫게 되었다. 반면에 지역과 관계없이 모두를 하나로 묶을 수 있는, 전체를 아우르는 공통적인 무언가도 발견할 수 있었다. 비유하건대 맥락적 사고는 지역적 심층 사고가 아닌 대륙 횡단 사고라고 할 수 있다. 세상의 변화가 전 세계적으로 동시에, 그렇지만 국지적이고 파상적으로 다양하게 일어나고 있다. 정치적·경제적·기술적·사회문화적 변화가 다발적으로 일어나지만, 이를 하나로 묶어 설명할 수 있는 생각이 바로 맥락적 사고인 것이다. 이러한 맥락적 사고로 바라볼 때 복잡한 개체는 하나의 통일된 원리, 현상, 법칙, 흐름으로 가닥이 잡힌다.

'대륙의 실수'라 불리는 샤오미 그룹의 CEO 레이쥔은 자부심이 대단한 사람이다. 그는 알리바바의 마윈이나 바이두의 리옌훙처럼 매일 16시간을 일할 만큼 자기 사업에 매진하며 누구보다 열심히 일했다고 자신했다. 하지만 "나는 남들에 비해 멍청하지도, 게으르지도 않은데 왜 실적이 뒤처지는가? 알리바바의 마윈 회장은 어째서 사업을 그렇게 쉽게 술술 풀어가는가?"라고 술회했다. 그러면서 그 이유는 자신이 열심히 하지 않아서가 아니라 천하의 대세, 곧 메가 트렌드mega trends를 읽지 못했기 때문이라고 분석했다. 대세를 읽지 못하고 시대적 흐름을 놓치면 아무리 열심히 노력해도 크게 성공하기는 어렵다는 것이다. 그는 스스로의 뼈저린 반성을 통해 다음과 같은 유명한 말을 남겼다. "태풍의 길목에 서라. 그러면 돼지도 날 수 있다."

　세상의 맥락을 읽고 변화의 길목에 서자. 자신이 사업을 하든 안 하든, 조직에 몸담고 있든 그렇지 않든, 삶의 뚜렷한 목표와 비전 및 사명이 있든 없든 일단 중요한 것은 주변에서 일어나는 변화의 흐름과 그 핵심을 읽고 사물의 원리를 분석하면서 살아가야 한다는 점이다. 그다음 선택은 각자의 자유다. 대세를 제대로 읽으면 능력이나 실력은 둘째다. 돼지도 날 수 있다고 하지 않던가? 맥락을 읽으면 세상이 보인다. 제대로 보고 제대로 알자. 그러면 세상이 보인다. 일단 세상이 보여야 준비하고 제대로 대응할 수 있다. 선견先見, 선수先手, 선제先制, 선점先占. 먼저 보고, 먼저 착수하고, 먼저 제압하고, 먼저 점유한다. 그때 비로소 당신의 미래는 기회로 가득할 것이다.

　새로운 변신을 위해 주어진 골든타임이 점점 줄어들고 있다. 시간이 없다. 더 이상 머뭇거릴 여유가 없다. 네 번째 파도로 예견

되는 거대한 쓰나미가 우리를 향해 몰려오고 있다. 미래는 준비하는 자의 것이다. 예민하게 미래를 주시하고 변화의 조짐을 바라보며 민감하게, 세심하게, 미리미리 공부하고 준비해야 한다. 준비는 기회다. 준비하면 기회가 생긴다. 어떤 기회일지는 개인마다 다르겠지만 반드시 기회는 온다. 그 기회를 잡자.

데이터가 지식을 이기는 시대

무엇을 알고
무엇을 모르는가

'안다고 하는 것'에도 10단계가 있다. 우리는 보는 것을 통해 사물을 이해하고 본질을 파악한다. 보는 것에도 다양한 요소와 관점이 있듯이 아는 것에도 여러 단계와 깊이가 있다.

1단계. 들은 적이 있다.

2단계. 여러 번 들었다.

3단계. 들은 내용을 대충 이야기할 수 있다.

4단계. 들은 내용을 체계적으로 설명할 수 있다.

5단계. 말한 내용을 실천할 수 있다.

6단계. 말한 내용을 습관적으로 하고 산다.

7단계. 말한 내용을 남에게 시켜서 하게 할 수 있다.

8단계. 말한 내용을 가르칠 수 있다.

9단계. 다른 사람이 말한 내용을 평가할 수 있다.

10단계. 내가 무엇을 모르는지 안다.

1단계는 들은 적이 있는 단계다. 우리는 최소한 어디선가 들은 적이 있거나, 본 적이 있거나, 읽은 적이 있다면 안다고 말한다. 강의 등에서 한 번 들었거나, 누구를 한 번 만났거나, 영화를 한 번 보았을 때 우리는 그 기억으로 보통 '안다'고 말한다. 기억이 정확하지 않아도 스스로 안다고 생각하는 것이다. 그 사람을 안다, 그 사건을 안다, 그 내용을 안다. 이 모두가 '안다의 1단계'다.

2단계는 여러 번 들은 단계다. 한 번 보거나 들은 내용을 안다고 하기는 어려우나 같은 내용을 여러 번 보고, 듣고, 경험했다면 어느 정도 안다고 할 수 있지 않은가 하는 수준의 생각이다. 한 번 만난 사람을 잘 안다고 말하기는 어렵지만, 여러 번 만났다면 당연히 안다고 말할 수 있다. 한 번도 아니고 여러 번이니 조심스럽게 안다고 말할 수 있지 않을까 하는 생각이다.

3단계는 들은 내용은 대충 말할 수 있는 단계다. 보고 들은 내용을 완전히 이해하지는 못해도 주요한 내용이나 기억에 남는 몇 가지를 생각나는 대로 비교적 길게 또는 짧게라도 말할 수 있다면 안다고 할 수 있겠다. 자기가 얻은 단편적 정보나 지식을 대충 말할 수 있는 수준이다.

4단계는 보고 들은 내용을 체계적으로 설명할 수 있는 단계다. 이 단계는 들은 내용 전체의 핵심을 제대로 파악하고, 이에 대한 기승전결이 일단 머릿속에 확실히 들어 있는 수준이다. 그 내용에 대해 서론, 본론, 결론으로 정리된 설명이 가능한 단계다. 시간이 길게 주어지면 길게, 시간이 짧으면 요약해 설명할 수 있다. 내용을 체계적으로 확실히 파악하고 있기 때문이다.

5단계는 아는 것의 수준에서 약간의 비약이 일어난다. 자기가 말한 내용을 실제로 할 수 있는 단계다. 예컨대 수영에 대해 아주 잘 설명할 수 있는 데 그치지 않고 실제로 물속에서 수영을 할 수 있어야 비로소 수영을 안다고 하는 것이다. 이론에 대한 지식이 아무리 확실해도 실제로 해본 적 없거나 할 수 없으면 제대로 안다고 할 수 없다는 관점이다. 다른 예로 운전 필기시험에 합격하면 운전에 대해 안다의 4단계지만, 운전 실기 과정에 들어가면 '안다의 5단계'로 진입하는 것이다.

6단계는 자신이 아는 것을 습관적으로 실천하며 사는 단계다. 우리는 무언가 할 줄 알아도 여러 가지 이유로 평소 잘 안 하고 사는 경우가 많다. 어설프게 할 수는 있지만 익숙지 못한 수준으로, 습관으로 완전히 몸에 배지 않은 상태이기 때문이다. 자신이 아는 내용을 마음으로 수용하고 생활에서 습관화하여 자연스럽게 체화된 상태에 이를 때 비로소 안다고 말할 수 있다. 체화되어 온전히 내 것이 되었다고나 할까? 운전자가 '10년, 20년 무사고'로 베테랑이면 적어도 운전에 대해서는 안다의 6단계 수준이다.

7단계는 아는 내용을 다른 사람에게 시켜서 할 수 있게 하는 단계다. 이는 스스로를 넘어서 아는 내용을 타인에게 전달하여 시킬 수 있는 수준이 되었을 때 비로소 완성된다. 자기가 할 수 있는 것은 물론 다른 사람으로 하여금 할 수 있게 하는 능력이 있으면 제대로 안다고 할 수 있기 때문이다. 예를 들어 좋은 야구 선수가 모두 좋은 야구 코치가 되는 것은 아니다. 마찬가지로 조직에서 훌륭한 전문가가 모두 훌륭한 리더로 성장하지 못하는 이유는 7단계 진입에 실패했기 때문이다. 간단히 말해 안다의 7단계는 자신이 할 수 있는 수준을 넘어 남을 통해 실현할 수 있는 능력을 말한다.

8단계는 아는 내용을 가르칠 수 있는 단계다. 다시 말해 자신의 지식, 기술, 경험을 불특정 다수에게 체계적으로 교육할 수 있는 수준에 이르는 것을 말한다. 여기에서 가르친다는 것은 단순히 내용을 전달하는 수준(안다의 4단계)이 아니라, 자신만의 지식과 경험 등을 가지고 원리를 꿰뚫고 이론을 정립한 수준에 이르렀기에 가능한 일이다. 일종의 지식의 완성 단계를 말한다. 해당 분야에 대한 풍부한 지식과 경험을 바탕으로 강의를 하거나 전문 서적을 쓸 정도의 수준에 이르렀다면 '안다의 8단계'에 이르렀다 할 것이다.

9단계는 남을 제대로 평가할 수 있는 단계다. 자신이 아는 분야에 대해 남이 제대로 아는지 모르는지 종합적으로 평가하고 판단할 수 있는 수준이다. 쉬운 예로 각 분야의 평론가, 심판, 전문 평가자, 스포츠 해설가 등이 있다. 남이 무엇을 알고 무엇을 모르는지 분석해 설명할 수 있는 사람들이다. 또 다른 예로 문학 비평가나 철학자 등을 들 수 있다. 물론 스스로 해보지 않은 사람도 오랜 관찰과 분석, 그리고 연구를 통해 다른 사람의 생각이나 지식이 올바른지 판단할 수 있으며 실제로 그런 직업을 갖기도 한다. 그러나 여기서 말하는 '안다의 9단계'는 자신이 알고, 해보고, 시켜보고, 가르쳐본 경험을 거쳐 판단에 이르는 높은 차원의 평가로 이해해야 한다.

10단계는 자신이 무엇을 모르는지 아는 단계다. 이는 안다의 최고 단계 수준으로, 자신이 아는 부분과 모르는 부분을 정확히 알고 있는 상태다. 동서고금의 여러 성현聖賢이 여기에 속한다. 소크라테스는 "너 자신을 알라."고 했다. 자신이 무엇을 모르는지, 또는 얼마나 모르고 있는지 아는 것이 중요함을 지적하는 말이다. 공자 또한 "아는 것을 안다고 하고 모르는 것을 모른다고 하는 것이 진정으로 아는 것이다."라고 말했고, 예수도 "너는 네가 무엇을 모르는지도 모르면서 안다고 말하고 있으니 참으로 모르는 자로다."라고 했다. 모두 같은 맥락으로 이해할 수 있겠다.

이처럼 단순히 '아는 것' 하나도 매우 다층적 구조로 이루어져 있다. 따라서 상대가 무엇을 안다고 말할 때는 나 자신의 인식 수준에서 생각하고 판단하지 말아야 한다. 상대가 안다고 하는 수준이 몇 단계인지를 정확히 판단할 수 있어야 상호 소통에서의 오류나 서로에 대한 오해가 최소화될 것이다.

지·행·용·훈·평

'안다'와 '모른다'는 우리가 일상에서 너무나도 자주 쓰는 표현이며, 우리 삶의 여러 분야와 직결된다. 우리가 현재 살고 있는 지식 정보 사회는 한마디로 '아는 것'이 중요한 사회다. 안다는 것은 일상생활에서 시작하여 환경 변화, 비즈니스, 사회 활동, 그리고 인간관계, 심지어 내면적 자기 이해 차원에서도 매우 기본적이면서도 아주 중요한 개념이다. 따라서 아는 것에 대한 판단 도구로서 '안다의 10단계'가 세상을 살아가거나 경영을 하는 데, 또한 다른 사람과 소통하는 데 유용한 개념이 되었으면 좋겠다. 이와 같은 접근 방식을 맥락적 이해라고 한다.

맥락적 이해는 사물의 이치를 본질적으로 파고들어 전후 관계를 철저히 짚어보고 그 속에 흐르는 본질적 원리를 파악하여 경영, 업무, 생활 등 삶의 전반에 활용하는 지혜라고 할 수 있다.

만일 안다의 10단계가 너무 복잡해 모두를 머릿속에 담고 기억하기 어렵다면, 5단계로 단순화하여 활용할 수도 있다. 안다의 10단계를 5단계로 축약하여 다섯 글자로 정리한 것이 바로 지知·행行·용用·훈訓·평評이다.

'지'는 알고(1~4단계), '행'은 할 줄 알고(5~6단계), '용'은 시킬 줄 알고(7단계), '훈'은 가르칠 줄 알고(8단계), '평'은 평가할 줄 아는 것(9~10단계)을 의미한다. 이 5가지가 모두 가능하면 진정 안다고 할 수 있다. 21세기를 이끄는 일류 경영자나 리더라면 모름지

무엇을 알고 무엇을 모르는가

기 자신만의 전문 분야나 사업, 경영, 리더십, 조직 관리 전반에 대해 알고, 할 줄 알고, 시킬 줄 알고, 가르칠 줄 알고, 평가할 줄도 알아야 한다. 이러한 '안다'의 축지법을 인생이나 직장 생활의 단계에 따라 적용해보자.

먼저 학창 시절에는 무엇이든 많이 아는 것이 중요하다(知). 직장 생활을 시작하면 단순히 아는 것보다 할 줄 아는 것이 더욱 중요하고(行), 시간이 지나 간부로서 조직을 이끄는 관리자가 되면 자신이 하는 것보다 시킬 줄 아는 능력이 더욱 중요하다(用). 이후 경영자가 되면 조직 구성원을 시킬 줄 아는 단계를 넘어 가르쳐 다스릴 줄 아는 능력이 더욱 중요해지고(訓), CEO나 최고 책임자의 지위에 오르면 조직 전체 구성원이 하는 활동 전반은 물론 조직이 처한 대내외적 상황을 제대로 평가하고 판단할 줄 아는 전략적 의사 결정 능력이 가장 중요해지는 것이다(評).

3장

초일류 기업으로

시대가 변하면
리더도 변해야 한다

요즘 리더들이 이상하다. 과거의 리더들은 대부분 존경받는 인물이었고, 무척이나 닮고 싶은 인물로도 많이 연상되었다. 그런데 존경받는 리더는 고사하고 조직에서 인정이라도 받는 리더조차 쉽게만나기 힘든 세상이 되었다. 글로벌 정치를 보아도 마찬가지다. 하나같이 낯선 스타일의 리더다. 미국의 트럼프, 중국의 시진핑, 일본의 아베, 러시아의 푸틴까지 글로벌 4강의 리더 모두 과거의 지도자와는 다른 낯선 리더들이다.

국가, 회사, 가정, 비공식 조직 등 어느 곳 할 것 없이 이 시대 리더들은 대개 비난을 받고 있다. 재계의 리더들도 마찬가지다. 특히 직장 상사들은 문제로 가득한 사람들이다. 아울러 현대 가정의 가장들이야말로 진정한 리더십의 위기에 봉착해 있다.

이처럼 21세기는 리더들의 수난기다. 왜 그럴까? 변혁의 시대이기 때문이다. '난세는 영웅을 만든다'라는 옛말이 있다. 일리 있는 말이지만 잘 음미해야 할 대목이 있다. 좀 더 정확히 해석하자면 '난세는 소수의 걸출한 영웅을 탄생시키지만, 다수의 기존 리더를 몰락시킨다'는 의미에 가깝다고 보아야 한다. 그렇다. 난세(환경변화)는 다수의 리더(기득권자)를 몰락시킨다. 왜냐하면 리더는 기존의 권력에서 탄생했기 때문이다. 따라서 세상의 빠른 변화에 대해서는 유연성이 떨어지고, 결국 기득권을 방어하기에 급급할 수밖에 없다. 변화에 대해서는 부정적이거나, 보수적이거나, 감각이 떨어지게 마련이다. 시대는 변하는 세상에 해법을 제공할 변화형 리더를 원하지만, 기존 조직에서 이러한 리더는 좀처럼 찾기가 어렵다. 네 번째 파도가 들이닥치는 변혁의 시대에 어떤 리더를 찾아야 하며, 스스로는 어떤 리더십을 갖출 것인가. 이것이 바로 이번 장의 핵심 논의 포인트다.

세상의 변화가
리더십의 변화를 이끈다

20~30년 전부터 수많은 리더십 이론이 그 시대의 솔루션으로서 대안을 제시하며 출현했다. 상황 대응 리더십 이론에서 시작하여

변혁적 리더십, 전략적 리더십, 촉진형 리더십, 전문가 리더십, 디지털 리더십, 사이버 리더십, 서번트 리더십, 스마트 리더십 등 다양한 리더십 이론이 시대의 해법으로 제공되었다.

이러한 여러 리더십 이론을 하나의 체계로 정리하면 리더십 웹 leadership web이 만들어진다. 한 축을 과업(성과) 중심과 관계(사람) 중심으로 구분하고 다른 한 축을 수직 중심과 수평 중심으로 구분하여 매트릭스 또는 포트폴리오로 구성하면, 각 리더십의 강조점 또는 지향점을 한눈에 볼 수 있다.

조직에서 리더십을 구성하는 요소는 크게 4가지로 나누어볼 수 있다. 첫 번째는 리더로서의 지위positional power, 두 번째는 리더 개인의 인간적 매력과 인격성personal power이다. 세 번째는 리더의 전문성이나 실력expert power, 마지막으로 네 번째는 새로운 환경에 대한 유연성과 개방성, 그리고 문제에 봉착했을 때 이를 해결해내는 창조적 능력creative power이다. 한 지도자의 리더십 역량을 이러한 4가지 요소로 분석해보면 리더로서의 종합 점수(400점 만점)를 매길 수 있다. 그런데 이들 리더십 요소는 시대에 따라 그 주도적 역할이 달라졌다. 리더십 파워가 시대에 따라 전환되었기 때문이다. 이해를 돕기 위해 리더십의 역사를 간략히 살펴볼 필요가 있다.

지위(~1980년대)

예전에는 직책만 있으면 되었다. 지위에 따른 권력이 지배하던 시절이다. 좋은 리더도 많았지만 대체로 리더의 '갑질'이 두드러졌다.

이 시기를 주도한 리더는 전통적인 카리스마형 리더다. 리더로서의 엄격함과 권위를 중심으로 조직을 수직적으로 통솔하는 데 적합한 중후장대 기업 시대의 리더다.

인격(1980년대 말~1990년대 말)

노사 갈등이 극심해지고 리더에 대한 임직원의 기대가 높아지면서 단순히 직책뿐 아니라 개인의 인간적 매력이 중요시되었다. 이후 국제화 초기에 외국 선진 리더십 이론의 영향으로 새롭게 각광을 받은 리더가 바로 합리성을 갖춘 인격형 리더다. 조직이 좀 더 수평화하고 임직원의 의식이 자유로워지며 다양성이 증대되어, 직원의 목소리를 경청하고 배려하며 그 마음을 읽어줄 수 있는 인간 중심의 리더십이 중요해졌다. 경박단소 기업 시대에 활약한 리더다.

전문성(1990년대 말~2000년대 말)

1990년대 말 IMF 경제위기 이후 리더십의 파워가 전환되었다. 구조 조정 등으로 사람은 줄고 업무량이 늘어나는데 조직에서는 더 많은 성과 창출을 요구함에 따라, 리더의 업무 전문성이 크게 부각되기 시작했다. 이른바 일 잘하고, 실력 있고, 시대가 요구하는 핵심 역량을 갖춘 리더가 조직원의 바람직한 리더로 강조되기 시작했다. 꾸준히 공부하는 리더, 새로운 환경에 대한 적응력이 높은 리더가 활약한 시기다.

창조(2000년대 말~2010년대 말)

일사불란함이나 단순한 공감과 배려 이상의 조직적 창의와 함께, 직원들의 상상력이나 영감 및 통찰력 같은 풍부한 아이디어가 중요해지면서 조직을 새롭고 발산적으로 이끌어갈 리더십이 요구되었다. 이른바 창의·혁신형 리더를 말한다. 이때부터 튀는 리더, 파격적이고 격의 없는 리더가 인기를 얻고 각광을 받았다. 조직원의 마음을 사기 위해 너나없이 모든 리더가 창조형 리더로 변신하고자 노력한 시기다.

미래는 리더십 4.0의 시대

시대 환경, 경영 전략, 혁신 수준, 기업 문화가 4.0 시대로의 이동을 가속화하듯이 리더십 또한 당연히 4.0으로 이동해야 한다.

4.0 리더의 모습은 어떠해야 하는가? 앞서 말한 대로 리더십은 시대 환경에 따라 그 강조점이 끊임없이 변해왔다. 인공지능과 로봇, 자동화는 무인화 수준이다. 공장의 스마트화는 심화되고, 직장의 조직 문화는 개별화·수평화·다양화·극단화된다. 자율 출퇴근제는 기본이고, 재택근무가 늘어나며, 비정규직이 넘친다. 이러한 시대에는 과연 어떤 리더십이 각광받을 수 있을까?

• 리더십 1.0: 원칙 준수

- 리더십 2.0: 계층 최적
- 리더십 3.0: 환경 대응
- 리더십 4.0: 매개 창구

1세대 리더십: 원칙과 기본

리더십의 원칙과 기본을 강조하는 데 주안점을 두는 리더십 이론이다. 기본적으로 바람직한 리더는 리더로서의 원칙Leadership Principle을 철저히 지켜야 한다는 것이다. 이 이론은 리더와 리더 아닌 자의 차이를 분명히 함으로써 리더다운 자와 리더답지 않은 자를 변별해내는 특징을 제시한다. 특히 리더와 보스의 차이, 또는 리더와 매니저의 차이를 분명한 대차대조표로 비교해 올바른 리더십의 원칙과 모델을 제시하고 있는 것이 특징이다. 이 리더십 이론은 훌륭한 리더로서 갖춰야 할 공통적이고 기본적인 특징을 소개한다. 올바른 리더로서의 불변성에 입각하여, 리더의 계층적 지위에 관계없이 보여주어야 하는 내용을 담고 있다. 환경에 따라 특별한 모습을 기대하지 않는 리더십의 토대다. 하나같이 옳은 말과 리더십의 가장 기본적인 조건으로 우리에게 1차적 도움을 준다. 대표적인 예로는 스티븐 코비의 '성공하는 사람들의 7가지 조건', CCL(창조적 리더십 센터)의 '리더의 5가지 조건' 등이 있다. 정직, 성실, 경청, 솔선수범, 희생, 헌신, 일관적 태도 등을 리더의 기본 조건으로 강조한다.

2세대 리더십: 리더십의 계층별 최적화

다음으로 주목된 리더십 이론은 계층별 역할에 따라 리더가 발휘해야 할 내용이 다르다는 것을 기본 전제로 한다. 계층별 역할의 차이, 차별화된 역량별 리더십을 강조한다.

과거 GE에서 개발한 '리더십 파이프라인Leadership Pipeline'을 보면 각 계층별로 3가지 기준, 즉 가치work value, 계층별 역량 competency, 그리고 시간 관리time management로 나누어 설명한다. 예를 들어 5개의 위계를 가진 조직이라면 각 계층별로 4개의 핵심 역량을 선정하여, 해당 포지션에 근무할 때 그 역량을 집중 개발해 발휘해야 한다. 5개 계층을 합하면 총 20개의 역량 맵이 그려진다. 일생 동안 다양한 조직에서 근무하는 수십 년간 각 계층별 역량 개발을 통해 리더십을 함양하는 것이 이 이론의 핵심이다.

3세대 리더십: 카멜레온 리더십

경영 환경의 변화는 리더십의 변화를 가져오고, 경영 패러다임의 변화는 리더십 패러다임Leadership Paradigm의 변화를 예고한다. 한 시대에 적합한 리더가 다른 시대에는 무능한 리더, 위험한 리더로 전락할 수 있다. 리더는 끊임없이 변하는 환경에 맞추어 자신을 변화시켜나가야 한다. 예를 들어 위기 상황에서는 카리스마 리더, 혁명기에는 변혁을 추구하는 혁신 리더, 글로벌 경쟁 환경에서는 글로벌 리더, 조직의 가치가 흔들릴 때에는 가치 중심 리더, 창의와 혁신이 요구되는 시기에는 창조형 리더, 디지털 시대에는 스마트형 리더, 앞으로 다가올 AI 시대에는 인공지능형 리더, 이제 점점 더 보편화되는 수평 사회에서는 자신을 낮추고 겸손함으로 나아가는 서번트 리더가 되어야 할 것을 강조한다. 이렇듯 리더란 자신의 조직이 직면한 시대 환경 패러다임이 요구하는 적절한 리더십을 발휘해야 한다는 것이 바로 3세대 리더십의 관점이다.

4세대 리더십: 매개자

그렇다면 새 시대의 리더십은 과연 어떤 형태를 띨 것인가? 그 답을 내리기에 앞서, 리더십과 관련한 이 시대의 특징을 짚어보아야 한다. 이 시대는 AI의 시대, 초연결 시대, 지식 전문가가 포진한 수평화 네트워크형 조직의 시대가 될 것이다. 따라서 기존에 확보된 빅데이터를 바탕으로 AI를 적절히 활용하여 의사 결정을 내리고 조직을 생태적으로 관리하는, 이른바 인공지능형 리더십 또는 플랫폼형 리더십Leadership Platform이 중요해질 것이다.

4세대에는 리더의 역할과 기능이 달라진다. 수평화 네트워크형 조직에서 리더는 스스로 플랫폼이 되어서 연결하고 묶어주는 형태의 리더십을 발휘해야 한다. 전통적인 오케스트라형 리더보다는 시대적 변화를 실시간으로 읽어내는 재즈형 리더로 변신해야 한다. 환경 변화가 급격하고 불연속적으로 작동하므로 리더십 또한 기민하고 역동적이어야 한다. 21세기에는 인공지능이 리더의 업무를 상당 부분 대체할 테니, 조직 내에서 전통적인 리더십의 권한이 줄어들 수밖에 없다. 따라서 조직 전체를 합리적으로 연결하고 기능하는 리더로 변신해야 한다.

앞으로 리더는 점차 매개자의 역할로 진화될 것이다. 조직에서 일종의 관제탑 기능을 수행하면서 각 구성원이 효과적으로 기능할 수 있도록 자신의 리더십을 디자인함으로써 코디하고, 커뮤니케이션 및 매치메이킹하고, 연결하고, 중재하고, 막힌 곳을 뚫어주는 종합 플랫폼의 역할로 신속히 변화해나갈 것이다. 물론 전통적 리더가 자리 잡고 있는 조직은 그들이 은퇴할 때까지 상당한 어려움이 있겠지만, 결국은 시간문제다. 아무리 실권을 쥐고 있는 권력형 리더라 할지라도 가는 세월을 막을 수는 없다. 그들을 빨리 떨어내는 조직이 미래에 좀 더 경쟁력 있는 조직이 될 것이다. 결국 리더의 경쟁력이 조직의 경쟁력이기 때문이다.

혁신 리더들에게
배운다

몇 년간 4.0 리더 연구를 위해 2000년대 이후 글로벌 초일류 기업의 최고경영자로 활약 중인 리더 20여 명을 집중적으로 조사했다. 우선 미국, 일본, 중국 등 전 세계를 리드하는 글로벌 회사를 일으키고 직접 경영하는 초일류 CEO를 선정했다. 그러고 나서 그들의 자서전, 소개 책자, 강연과 인터뷰뿐 아니라 그들의 주요 경영철학과 사상, 그리고 사업 전략을 종합적으로 분석해 개개인의 리더십을 추출했다. 이후 개별 기업의 사업적 특성이나 독특한 개인 성향은 배제하고, 그들이 공통으로 보유한 시대적 성향을 중심으로 정리했다. 이렇게 도출된 21세기 글로벌 초일류 혁신 리더의 특징 5가지를 소개하면 다음과 같다.

시대를 주도하는 4.0 CEO의 5가지 특징

- 무모하게 도전한다: 비범한 목표를 추구한다.
- 상상하고 혁신한다: 기존의 상식에 끊임없이 도전한다.
- 먼 미래에 승부한다: 미래를 내다보고 기회를 찾아 선점한다.
- 영혼의 감동을 준다: 고객과 직원, 세상을 늘 감동시킨다.
- 열린 신념을 가지고 있다: 주관이 강하면서도 열린 마음을 겸비하고 있다.

무모하게 도전한다

4.0 리더는 한마디로 비범한 목표를 추구하는 리더다. 여기서 말하는 비범함이란 과감함과 대담함을 넘어선 것이며, 따라서 무모함이라고 해석하는 편이 오히려 정확한 표현이다. 그들은 남이 하지 않는 일을 하지만, 단지 남이 하지 않으려는 일을 하는 차원이 아니라 다른 사람은 불가능하다고 여겨 엄두도 내지 못하는 일에 도전한다는 데 그 특징이 있다. 이를 좀 더 구체적으로 정리해보면 다음과 같다.

첫째, 그들은 더 나은 세상에 기여하려는 강한 열망이 있다. 4.0 리더는 모두 '세상을 바꾸는 일'에 관심이 있다. 그들은 세상을 변화시키는 것이 자신의 사명이며 유일한 삶의 목적인 것처럼 행동한다.

둘째, 그들은 이윤보다 사명과 비전을 우선시한다. 기업의 근본 목적은 이윤 창출에 있다. 우아한 이념이나 사상을 표방하는 기업의 지도자조차 결국에는 이윤 앞에 무릎을 꿇는다. 그러나 4.0 리더는 기업의 사명과 비전, 그리고 자신이 표방한 가치를 진정으로 우선시한다. 사람들은 그럴 리 없다고 오해를 한다. 처음에는 다 그렇게 하지만 결국 그 본심을 드러낼 것이라고 말이다. 하지만 설령 그렇더라도 수십 년 이후에, 혹은 그가 죽은 후에 드러날 흑심이라면 과연 흑심이라고 비난할 수 있을까? 수십 년 동안 존재 가치를 지켜내지 못했다면 어떻게 그 기업이 험한 세상에서 살아남을 수 있었겠는가?

셋째, 인류 역사를 바꿀 만한 위대한 일에 도전한다. 그들은 인류의 역사를 바꿀 만한 일에 늘 관심이 있다. 그 일을 위대한 일이라 생각하기 때문이다. 그래서 어찌 보면 그들은 시대의 이단아다. 시대를 전복하겠다는 야무진 꿈을 꾸는 리더이기 때문이다. 물론 성공하면 대중의 찬사와 어마어마한 부를 선물로 받을 것이다. 그러나 나중에 그러한 보상이 있다 해도, 그들은 보상을 위해 일한 것이 아니며 그 일을 성취했기에 얻어진 선물이라고 생각한다. 무엇이 다른가? 그들은 그러한 보상과 상관없이 그 일을 하는 것 자체가 중요하다고 믿은 것이다.

"우리의 사업 판단 기준, 사업의 기준은 '인류의 미래를 위해 꼭 실현돼야 할 것인가?'이다." 일론 머스크는 자원 고갈과 환경오염으로부터 인류를 구하는 것이 자신의 미션이며 목표라고 한다. 그래서 그는 인류의 미래를 좌우할 3대 사업 영역으로 진출했다. 첫 번째는 인터넷, 두 번째는 우주, 세 번째는 청정 에너지다.

스티브 잡스는 우주에 흔적을 남기기 위해 기업 경영을 한다고 했다. 그가 만든 세계는 아이맥, 아이팟, 아이폰까지 문명을 바꾼 디바이스였다. 그가 만들어낸 스마트폰을 21세기의 인류 대부분이 사용하고 있다. 우주는 몰라도 지구에 흔적을 남긴 것은 분명하다.

"나는 일반적인 성공보다는 멋진 일을 해내는 것을 목표로 한다."
— 래리 페이지
"사심을 떠나 인류 역사를 바꿀 위대한 것에 도전하는 것을 목표로 삼는다." — 일론 머스크
"나는 경쟁자가 제공하기 힘들거나 불가능한 것을 제공하기 위해 고민한다." — 제프 베조스

기존 상식에 과감히 도전한다

그들은 기존의 경영자나 일반인이 가지고 있는 기존의 상식에 과감히 도전한다. 그래서 그들이 하는 사업이나 일은 상식 밖인 경우가 많다.

첫째, 기존 제도 관행에 대해 의문을 제기한다. 그들은 기존의 제도나 관행에 의문을 제기한다. 왜 그래야 하지? 지금까지 그래왔다고 앞으로도 그래야 하나? 남들이 그렇게 한다고 우리도 그래야 하나? 그래서 그들은 종종 기존 질서의 파괴자라는 소리를 듣거나 비난을 받기도 한다. 그들은 기존의 제도나 관행이 잘못되었다고 문제를 제기한다. 그런 사람이 생각하는 현재는 최악의 상황인 것이다.

둘째, 새로운 도전에 대한 비난을 오히려 긍정의 신호로 인식한다. 그들은 새로운 도전에 대한 사회적 비난을 결코 두려워하지 않는다. 오히려 비난이 거세면 거셀수록 새로운 변화의 가능성을 점친다. 왜냐하면 수많은 혁신과 창조가 역사적으로 이 같은 비난 가운데 탄생한 것을 보아왔기 때문이다. 오히려 비난이 없거나 적은 경우에 그 방식을 의심한다. 비난이 적다는 것은 무언가 잘못되었다는 의미다. 생각이 다른 것이다. 마윈은 말한다. "나는 90% 사람들이 찬성하는 아이디어는 쓰레기통에 버린다. 많은 이가 찬성한다면 그것은 이미 누군가가 하고 있을 가능성이 높고, 따라서 이미 기회를 빼앗긴 셈이다."라고 말이다. 반면 모두가 반대하면서 "현실성이 없다, 불가능하다, 너무 이상적이다."라고 말하면 흥미를 느낀다고 한다. 그곳에 기회가 있기 때문이다.

셋째, 사업 전략의 핵심을 역발상으로 간다. 그들은 사업 전략의 핵심을 종종 역발상으로 간다. 일반적 생각과 반대로 생각하는 것이다. 그래서 보통 사람들은 그들이 곧 망하거나 곤란해질 것이라고 장담하거나 크게 우려한다. 그러나 그들은 결국 그러한 방식으로 사업을 일구어가고, 성공시키고, 또 다른 사업을 다시 전개한다. 시간이 한참 지나고 나서야 그들은 인정을 받고, 가끔은 위대한 결단을 내린 리더라고 칭송을 받기도 한다.

"가장 위험한 일은 실수나 오판이 아니라 의심하지 않고 관행대로 하는 것이다." "나는 근면해야 한다는 당위성을 경계하려고 노력한

다."— 마윈

"나는 내가 새로 도전하는 일에 미쳤다는 소리를 자주 듣는다."— 제프 베조스

"나는 기존의 제도 방식들에 대해 '왜'라는 질문을 자주 던지곤 한다." "집중이란 좋은 아이디어 수백 개에 대해 '노'라고 답하는 것이다."— 스티브 잡스

미래를 내다보고 기회를 선점한다

그들은 먼 미래를 내다보고 사업을 기획하고 투자를 감행한다. 그들의 눈은 일반적인 리더보다 최소한 몇 년 또는 몇십 년 앞서 있다. 분명 4.0의 눈을 가지고 있다. 남이 보지 못하는 디테일을 보는 시력이 좋고, 멀리 보고 넓게 보는 능력인 시야가 넓다. 다른 사람과 늘 세상을 다르게 보니 시각이 다르며, 많은 변화에도 시선을 올바로 할 수 있기에 남이 보지 못하는 것을 본다.

첫째, 미래에 대해 강박 수준의 관심을 갖는다. 미래에 대한 그들의 관심은 강박 수준을 넘어선다. 그들은 현재에 전혀 관심이 없고 오직 미래에만 촉각을 세우고 있는 몽상가처럼 보인다. 그들은 10년 후, 30년 후 자신이 어떤 모습이 되어 있을까에 지대한 관심이 있다. 심지어 100년 후, 300년 후 자기 기업의 미래에 대해 깊은 관심을 쏟는다.

둘째, 10년 이상의 장기적 비전을 치밀하게 계획한다. 그들은 반드시 장기 비전을 가지고 있다. 그들은 마스터플랜을 좋아한다.

혁신 리더들에게 배운다

그들은 꿈꾸기를 좋아하고, 허황돼 보이는 미래에 대해 대화를 꽃피운다. 환경 변화를 2~3년도 가늠할 수 없는 현실에도 불구하고 그들은 온갖 정보와 미래 보고서, 그리고 자신의 지혜를 모아 미래를 철저히 분석하고 비전을 세운다. 그들의 미래 전략 보고서는 두껍다. 형식이나 모양새로 하는 것이 아니라 진지하게, 마치 다음 해의 전략을 세우듯 해나간다. 다른 사람이 다음을 볼 때 그들은 다음의 다음을 보는 것이다.

셋째, 일단 시대의 흐름을 읽으면 기득권을 포기하고 신규 영역에 과감히 뛰어든다. 그들은 매 같은 속성이 있다. 한번 먹잇감을 발견하면 초집중하여 달려든다. 사활을 걸고 전력 질주하여 목표물을 반드시 낚아챈다. 그 먹잇감을 잡지 못하면 10년 후, 20년 후 자신은 없을 수도 있다는 절체절명의 위기의식이 있기 때문이다.

스티브 잡스는 미래에 대한 강박적 수준의 관심으로 유명했다. "우리 기존 제품의 판매 감소를 가져올 만한 제품을 우리 스스로 만들지 못한다면 반드시 다른 누군가가 만들 것이다." 그래서 그는 늘 퍼스트 무버의 길로 나아갔다. 아니면 죽음이니까!

"설령 회사가 한 해의 목표를 달성하지 못했더라도 올바른 방향으로 가고 있다면 괜찮다고 생각한다." "나는 다음 분기나 2~3년 후의 일보다 30년 후의 미래를 더 많이 고민한다." ─ 손정의

"나는 앞으로도 세상에서 바뀌지 않을 것이 무엇인가를 알고 있다." "나는 10년 후 내 업무와 회사의 미래를 그릴 수 있다." ─ 제프 베조스

"인류의 미래를 위해 반드시 현실화되어야 할 것을 사업으로 추진한다." — 일론 머스크

세상과 직원을 감동시킨다

그들은 늘 세상 사람을 매료시키고, 임직원에게 감동을 준다. 가끔 사이비 교주처럼 행동하기도 하다. 그래서 그들의 기업 문화는 여러 모양으로 독특하다. 대개 그들의 언변은 유창하다. 말솜씨에는 차이가 있을지 몰라도, 말하는 내용은 하나같이 심오하여 영혼을 울리는 철학과 사상, 그리고 사람을 사로잡는 명언으로 가득 차 있다.

첫째, 가슴 설레는 비전과 미래에 대한 기대감을 선물한다. 그들의 연설을 들으면 그냥 가슴이 설렌다. 그들이 보여주는 프레젠테이션은 그야말로 예술이며, 눈물과 웃음과 행복이 가득한 열광의 도가니다. 그들은 늘 박수갈채를 받는다. 사람들의 마음에 공감을 선물하기 때문이다. 그들은 미래를 가슴 설레게 만든다. 꼭 그 미래가 당장 올 것만 같다. 당장 오지 않는다 할지라도, 그러한 기대를 갖고 사는 삶이 행복하게 만든다. 설령 말투가 어눌하다 해도 진정성과 열정이 담긴 메시지이기에 사람의 마음을 움직이는 힘이 있는 것이다.

둘째, 더 나은 세상에 대한 사명감과 자발적 헌신을 이끌어낸다. 그들은 지금보다 더욱 행복한 세상을 만들기 위해 임직원이 무엇을 해야 하는지에 대한 위대한 사명을 고취하고, 그 과정이 아무리 어렵고 힘들어도 반드시 그 일을 하고야 말겠다는 헌신의 의지

를 불태우게 한다. 단순히 월급을 받기 위해 하는 일이 아니라 세상을 바꾸고 인류의 미래를 열며 행복을 가져다주는 위대한 일이기에, 그 일원으로 동참하는 것은 매우 감격스런 기회라는 생각을 하게 함으로써 자발적 헌신을 이끌어낸다.

셋째, 위대한 제품으로 고객을 사로잡는다. 그들은 보통 사람이 상상할 수 없는 위대한 제품을 출시함으로써 고객을 미치게 한다. 고객은 제품에 매료되어 행복감을 느낀다. 그 제품을 손에 넣으려고 매장 앞에서 몇 날 며칠씩 줄을 서서 기다린다. 그러한 기다림의 피로와 고통은 그 제품을 받아 들자마자 말끔히 사라지고 더없는 행복의 시간이 찾아온다. 그들은 정기적으로 그러한 감격의 순간을 제공해주는 행복업을 수행한다. 고객은 그 제품을 만든 회사에 대한 종교적 수준의 마니아가 되어 있다. 그들은 고객으로 하여금 제품과 회사, 그리고 리더 자신을 동일시하게 만든다.

"삶은 단순히 문제를 푸는 것 이상이 되어야 합니다. 아침에 눈을 뜨면 '그래, 이런 일이 일어나는 게 정말 기대돼'라고 말할 수 있어야 합니다. 단순히 지금보다 편리한 수준이 아니라 사람들에게 영감을 주고 미래에 대한 기대감이 벅차오르게 하는 프로젝트를 해야만 합니다." 일론 머스크의 말이다. 그는 직원과 고객을 감동시키기 전에 자신을 감동시킨다. 자신이 미쳐야 다른 사람을 미치게 할 수 있기 때문이다.

"고객의 기대에 맞춰주기보다는 그 이상을 만들어내어 고객을 감동

시키는 것이 더 좋다." — 스티브 잡스

"나는 지금까지 내가 아닌 나의 직원을 최고로 만들기 위해 노력해 왔다." — 루스 거스너

강한 주관과 오픈마인드를 겸비한다

그들은 주관이 뚜렷하다. 그들은 고집이 세다. 그들은 모두 강력한 신념의 소유자다. 그러나 그들은 열려 있다. 그들은 사람의 말에 귀 기울인다. 그들이 선한 사람이라거나 큰 그릇의 인격자이기 때문이 아니다. 그들 자신이 필요로 하기 때문이다.

첫째, 실패에 굴하지 않는 소신과 강한 주관이 있다. 그들은 실패를 두려워하지 않는다. 그들도 실패가 무엇보다 싫을 것이다. 그러나 그들의 야망과 사명과 신념이 그 이상 되기 때문에 실패를 극복할 수 있는 용기가 있다. 그들은 주관이 강하다. 자기 철학이 깊어 사업의 필요성과 정당성을 한자리에서 몇 시간씩 논리적으로 떠들 수 있는 사람이다. 그들은 그러한 소신을 갖기까지 수도 없는 시간을 고민하고 또 고민했기 때문이다. 그들의 고집은 아무도 꺾을 수 없다.

둘째, 자신에 대한 비판도 즐길 수 있는 배포와 포용력이 있다. 그러나 그들은 자신에 대한 비판에 대해 의외로 관용적이다. 아니, 비판을 두려워하지 않는다. 그들은 맷집이 강하다. 그래서 비판에 대해서도 포용적이다. 오히려 그들은 비판을 즐긴다. 그 비판 속에 자신의 부족함, 그리고 자신이 새겨들어야 할 내용이 담겨 있기 때

문이다.

셋째, 말하기보다 더 많이 듣기 위해 노력한다. 그들은 말을 잘 한다. 그러나 말하기보다는 듣기를 더 잘한다. 설령 그렇지 않더라 도 듣기 위해 노력한다. 그들이 들으려고 하는 이유는 의외로 간단 하다. 상대의 말 속에 자신의 부족함이나 놓치고 있는 무언가를 발 견할지도 모른다는 기대감이 있기 때문이다. 그들은 대개 완벽주 의자다. 스스로 아무리 완벽해도 사업은 수많은 변수에 의해 잘못 되고, 심지어 무너질 수 있다. 다른 사람의 말에서 실패를 막을 수 있는 무언가를 찾아낼 수 있다면, 남의 이야기를 듣는 일보다 더 쉬운 일이 어디 있으랴? 그 가운데 미처 생각지 못하고 고려하지 않았던 아이디어나 치명적 약점이 발견된다면, 이 어찌 소중한 천 사의 말이 아니겠는가?

그들은 '원맨 경영'을 철저히 경계한다. 제대로 된 교주로서의 올바른 태도가 아니겠는가? "나는 내 앞에서 '노'라고 말하는 직원 을 격려합니다." 제프 베조스의 말이다. "당신 앞에서도 과감히 '노' 라고 하는 직원이 있습니까?"라는 질문에 그는 이렇게 대답했다. "글쎄요. 누가 '노'라고 하지 않았는지 생각해보는 중인데 잘 생각 이 나지 않습니다."

"나는 말하기 위해서가 아니라 듣기 위해 회의를 한다." ─ 루스 거스너
"내 의견에 동의해주는 의견보다 내가 소리칠 때 맞서 소리치는 직 원을 좋아한다." ─ 빌 게이츠

"나는 내 생각이 직원들 생각보다 결코 낫다고 생각하지 않는다."

— 제프 베조스

"나는 직접 결정하는 경우보다 적절한 사람들이 답을 이끌어내도록 만드는 경우가 더 많다." "우리 직원들은 누구든 내게 이메일을 보내는 것을 전혀 어려워하지 않는다." — 래리 페이지

"내 의견이 60% 이상 그대로 통과되면 경영의 적신호라고 여긴다."

— 혼다 소이치로

혁신 리더들에게 배운다

플랫폼 리더란
무엇인가

이제는 플랫폼 리더십이다. 플랫폼 리더십이 4.0 시대의 새로운 리더십 패러다임이 될 것으로 전망한다. 미래 조직을 선도할 4.0 리더는 플랫폼 리더가 되어야 한다.

플랫폼 리더는 '영·웅·본·색'의 특징이 있다. 앞서 살펴본 글로벌 혁신 리더들의 특징은 다음과 같이 정리해볼 수 있다. 첫째, 그들은 '영혼'을 움직이는 리더다. 사람의 마음을 사로잡는다. 그래서 열광하는 팬들을 거느리고 있다. 그들은 영혼을 사로잡음으로써 사람을 움직인다. 둘째, 그들은 '웅대한' 꿈과 비전을 가진 리더다. 직원은 그들의 꿈에 매료된다. 자신이 꿈같은 그 일에 동참할 수 있는 것을 무한한 영광이자 기쁨으로 생각하는 것이다. 셋째, 그들은 직원에게 '본'이 되는 리더다. 그들은 삶의 모범이 된다. 매우 윤리적이거나 인격적이기 때문이 아니라, 솔직하고 자기 가치관에 충실한 삶을 살기 때문에 본이 되는 것이다. 넷째, 그들은 '색깔' 있는 리더다. 창조적이며 개성이 강하고 끼 있는 리더. 그들만의 묘한 인간적 매력이 있다. 물론 고집도 있고 괴팍하며, 이단적 특징이나 튀는 모습을 보이기도 하며 기행을 할 때도 있다. 그렇지만 그들은 다른 리더와 달리 자신만의 색깔을 내는 리더이기에 사람들에게 사랑을 받는다. '영혼'을 움직이고 '웅대한' 꿈이 있으며 '본'이 되고 '색깔' 있는 리더. 그래서 그들을 '영·웅·본·색' 리더로 불러도 좋겠다.

매개자 또는 연결자로서의 리더

미래형 초일류 리더는 매개자요 연결자가 되어야 한다. 하이어라키Hierarchy(상하 관계가 엄격한 조직)의 정점에서 군림하고 통제하는 리더는 미래 조직을 이끌 수가 없다. 그들의 성품이 친절하든 불친절하든, 특출한 핵심 역량이 있든 없든, 창의적이든 아니든 조직을 최적으로 운영하려면 반드시 매개자 또는 연결자로서의 역할을 수행해야 한다. 때로는 커뮤니케이터가 되고, 때로는 매치메이커가 되고, 코디네이터가 되고, 네트워커가 되고, 네고시에이터가 되어야 한다. 그들은 조직을 최대한 수평화해야 하고, 정보와 정서가 흘러가도록 파이프라인 기능도 수행해야 한다. 늘 조직이 유기적인지 아닌지, 피가 흐르는지 멈추어 있는지 민감하게 관찰하고 막힌 곳을 뚫어주어야 한다. 그들은 소통의 달인이 되어야 한다.

실제와 가상을 넘나드는 리더

그들은 생태계 관리자이며 창발자創發者로서 카오스의 가장자리에 있어야 한다. 그들은 자주 보이기도 하고 보이지 않기도 한다. 그러나 그들은 물리적 공간에서의 모습보다 사이버 공간에서의 역할과 기능이 더욱 중요하다. 사이버 연결 시대에 사람들은 더 이상 대면적 리더십에 집착하지 않는다. 사이버 공간을 통해 합리적 의사 결정과 소통이 일어나면 그것으로 충분하다고 느낀다. 리더가 불안하다고 바쁜데 쓸데없이 불러대고 시간을 허비하게 만든다면, 조직으로나 개인적으로나 효율적이지 못하고 생산적이지도 않다.

미래는 가상 공간의 시대다. 웹에서, 플랫폼에서, 미디어에서 기능해야 한다. 실제 공간보다 가상 공간에서의 역할이 더욱 중요해진다. 결과적으로 말해, 실제 공간과 가상 공간에서의 융합적 기능이 미래 리더십의 중요한 포인트가 될 것이다. 실제와 가상을 넘나들며 사람의 마음과 일을 동시에 리드할 수 있어야 한다는 점은 새로운 리더십 도전이 아닐 수 없다. 앞으로 누가 이러한 리더십을 잘 발휘하게 될지 주목해보도록 하자.

동명사형 리더

그들은 자신의 리더십을 역할이 아닌 기능으로 이해한다. CEO로서 해야 할 일을 하는 것이다. 그런 의미에서 그들은 사고가 매우 수평적이다. 그들은 리더로서 맹목적 복종이나 충성을 기대하지 않는다. 그들은 직원이 각자의 역할과 기능을 충성스럽게 해주기를 기대하는 것이다. 그런 의미에서 그들은 명사형 리더가 아니라 동사형 리더라 할 수 있다. 언어적으로 명사는 격이 중요하지만, 동사는 시제가 중요하다. 상황과 시기에 따라 최적으로 기능하는 것이 동사다. 좀 더 정확히 표현하자면 그들은 '동명사형 리더'인 것이다.

리더십의 본질은 변하는 것과 변하지 않는 것의 균형과 조화에 있다. 초일류 리더십은 늘 중용의 관점에서 자신에게 요구되는 리더십의 최적점을 찍고 그 궤적을 이어가는 과정이다. 그들은 새로운 세계로의 인도자가 되어야 한다. 이런 의미에서 미래형 리더는 촘촘하고 빡빡한 리더라기보다 방목형 리더에 더 가까울 것이다.

피터 드러커는 가장 좋은 리더십을 효과적 리더십이라 정의했다. 효과적 리더는 자신의 목표를 정확히 수립하고 매우 합리적인 방법으로 사람과 자원을 관리하여 탁월한 성과를 내는 리더라고 했다. 그 말대로라면 지금의 시대 환경을 정확히 읽고 조직의 목표를 명확히 하여 조직원과 공유하며, 쓸데없는 리더십의 낭비적 행위를 없애야 한다. 이를테면 불필요한 권위나 의전, 피차 불필요한 감정을 소모하는 인간관계 활동, 필요 이상의 지식이나 경험 과시, 스스로를 트렌드에 민감한 개방적이고 창의적 스타일로 부각시키기 위한 쓸데없는 이벤트나 낭비적 쇼맨십 등은 모두 비효과적 리더십 활동에 포함된다. 이 점에서 플랫폼 리더십은 시대가 필요로 하는 조직 운영의 최적 목표, 최적 과정, 최적 성과를 만들어내는 일련의 기능을 추구하는 효과적 리더의 모습을 표현하고 있다. 이제는 리더십도 버블과 낭비, 그리고 허구적 자기 이미지에서 벗어나야 한다. 이러한 측면에서는 아이러니하게도 인공지능의 모습을 배울 필요가 있다.

그때는 맞고 지금은 틀리다

마지막으로 기존 리더들의 변신에 대해 간단히 정리하고 이 장을 마무리하고자 한다.

과거 자신의 성공 경험과 지식에 사로잡혀 시대의 변화를 제대로 파악하지 못하는 늙은이를 '꼰대'라고 부른다. 꼰대 리더란 과거의 잣대로 모든 정보를 파악하고 분석하여 판단하며, 조직원을 자신의 의견대로 설득 및 교화 또는 강요하는 일련의 리더를 말한다.

그들은 과거의 화려한 성공 경험과 지식, 그리고 노하우를 가진 자칭 영웅급 리더다. 그래서 그들은 자신만의 독특한(?) 경험 체계와 규칙 및 기준이 매우 확고하다. 그들은 시대와 함께 늘 열심히 일하고 승진을 거듭한 사람들이라 나름대로 공부도 열심히 해왔다. 그러나 자신의 프레임에 갇혀 그 틀 안에서 시대 변화에 대해 선택적으로 학습하고 왜곡해 해석하는 경우가 흔하다. 그러고는 확신에 가득 차 직원에게 길게 설명하고, 안 되면 설득하고, 그것도 안 되면 강요한다. 그래서 그들이 발휘하는 리더십은 자신들이 생각하듯 4.0이 아니라 0.4다. 이 글을 읽는 당신이 한 조직의 리더라면 스스로를 냉철히 점검할 필요가 있다.

당신이 꼰대 리더인지 아닌지 진단하는 아주 간편한 방법이 있다. 당신이 부하와 회의를 하거나, 업무를 지시하거나, 훈시 또는 강연을 할 때마다 습관적으로 '과거에는', '옛날에는', '이전에는', '내가 당신 때에는' 등의 말을 자주 쓴다면 당신은 확꼰(확실한 꼰대)이다. 당신은 모르지만 당신의 부하는 당신을 완꼰(완전 꼰대), 핵꼰(핵꼰대)으로 부를지도 모른다. 평생 헌신하고 희생하며 지금까지 앞만 보고 달려온 조직의 리더에게는 억울한 일이지만 어쩔 수 없다. 시대는 늘 변해가기 때문이다. 이 한마디만 생각하면 된다. 나를 지배하고 있는 많은 생각은 "그때는 맞고 지금은 틀리다."

중요한 것은 탈꼰(탈출한 꼰대)이 되는 것이다. 마음은 쓰리고 동의가 안 되며 할 말도 많지만, 모두가 그렇다고 하니 변해보는 것이 중요하다. 탈꼰을 위해 간단한 방법 하나를 소개한다. 대화할 때마다 모든 이야기에 '앞으로는' 또는 '미래에는'이라는 말을 붙여보자. 생각의 관점을 미래로 돌리면 직원과 상호 공감대가 형성되는 멋진 대화가 될 것이다.

다가오는 2030년까지는 플랫폼 리더의 시대가 될 것이다. 수많은 리더십 이론은 리더 자신들이 활동한 역사에서 각각의 지층을 이루며 차곡차곡 쌓인다. 이러한 리더십의 지층 위에 새로운 층을 올리자. 21세기 글로벌 혁신 리더들의 공통적 특징을 기억하면서 플랫폼 리더로 거듭나면 좋지 않을까 생각해본다.

4.0 시대
초일류 기업의 조건

지금으로부터 약 30년 전, 근대 인류의 3대 발명품에 대해 들은 적이 있다. 그것은 바로 원자력과 반도체, 그리고 주식회사였다. 그 말을 듣고 적잖이 당황했던 기억이 난다. 원자력과 반도체는 그렇다 치고, 문제는 주식회사였다. 주식회사가 인간이 만든 3대 발명품 중 하나라니.

주식회사, 즉 기업은 수백 년에 걸쳐 인간이 만든 위대한 걸작품이다. 그런 의미에서 기업은 인간이 만든 조직의 꽃이다. 주식회사가 근대 인류의 3대 발명품 중 하나라 할 만큼 위대한 이유로는 우선 소유와 경영이 분리되고, 투자자는 주식이라는 것을 매개로 한 유한 책임을 지며, 배당이라는 형태로 이익을 나누는 시스템이고, (지금은 1인 법인도 있지만) 7명 이상이 되어야 설립할 수 있었다는 점 등을 들 수 있다.

인간의 이기주의와 욕망을 실현하고자 하는 열정, 그것을 실현하는 데 있어 개인과 사회가 부담해야 할 리스크를 시스템적으로 분산하는 절묘한 제도의 구축, 그리고 자신의 영속성을 담보하기 위한 다양한 견제 시스템 등이 체계적으로 잘 설계되어 있는 조직이 바로 기업인 것이다.

우리는 지난 30년간 지식도 늘고, 경험도 늘고, 몸집도 늘고, 심지어 자신감도 늘었다. 그런데 점점 줄어들거나 아예 사라져가고 있는 것이 있다. 바로 사업주의 기업가 정신, 전문 경영인의 직업가 정신이다. 기업가 정신이 기업을 소생시킨다. 물론 기업마다 개별 사정이 있겠지만 어떤 희생을 치르더라도 문제를 극복하고 한계를 돌파해야 한다.

무엇보다 기업가 정신의 회복이 가장 시급하다. 우리 기업이 현재 직면한 각종 문제가 과거의 기업이 겪은 것보다 더 어려울까? 그렇지 않다고 본다. 과거 1960년대의 기업 환경, 1970년대의 기업 환경, 1980년대의 기업 환경은 지금보다 녹록했겠는가? 우리는 이러한 과거 기업 환경의 어려움을 극복하고 여기까지 왔다. 기술 부족, 지식 부족, 경험 부족, 인지도 부족 등을 모두 극복하고 여기까지 왔다. 지금도 어렵다. 그러나 과거보다는 쉽다.

초일류와 일류는
무엇이 다른가

초일류 기업은 일류 기업과 무엇이 다른가? 우선 문자적으로는 한 글자, 즉 초超가 다르다. 超(뛰어넘을 초)는 세 글자, 곧 走(달릴 주)와 刀(칼 도)와 口(입 구)로 쪼개어진다. 이들 세 글자를 통해 초일류 기업의 비밀을 살펴보자.

먼저 '달릴 주走'를 생각해보자. 얼핏 속도가 빠르다는 의미로 해석할 수 있으나, 그 이상의 의미를 지닌다.

초일류 기업은 업계에서 선두를 달리는 기업이다. 물론 일류도 선두를 달린다. 초일류가 남이 가지 않는 길을 가는 것과 달리 일류는 남보다 한발 앞서가면 된다. 동종 업계의 선두를 달리면 되기 때문이다. 그러나 초일류는 선두를 넘어 동종 업계의 다른 기업과는 궁극적으로 다른 길을 가는 기업을 말한다.

예를 들어 경영 철학이 다르거나, 사업 모델이 다르거나, 추구하는 기업 목적이 다르거나 뭐가 달라도 다르다. 경쟁 기업과 같은 길을 가면서 경쟁 기업보다 탁월해지기를 원한다면, 당신은 일류 기업을 지향하는 것이다. 그러나 경쟁 기업과 근본적으로 다른 길을 가기를 원한다면 초일류를 향한 DNA를 가지고 있는 것이다. 물론 이러한 접근 방식은 그 자체로 리스크를 동반한다. 그러나 그 길을 가고자 하는 강한 열망이 있고 그러한 성향이 기업 문화나 가치관으로 내재화되어 정착된 기업은 초일류 기업의 가능성을 지녔다고 할 수 있다.

다음으로 '칼 도ㄲ'는 날카로운 칼이라는 의미가 있다. 기업 경영에서 칼이란 과연 어떤 의미일까? 어떤 기업이 '한칼이 있는 기업'으로 상징된다면, 그것은 곧 상대를 제압할 수 있는 강력한 무기가 있다는 의미가 아니겠는가? 한마디로 그 기업만의 핵심 역량을 가지고 있다는 말이다. 원래 핵심 역량이란 그 기업만이 보유한 차별적 역량으로, 다른 기업이 좀처럼 흉내 낼 수 없거나 도저히 따라올 수 없는 특별한 능력을 일컫는다. 구체적으로 말하자면 그 기업만의 핵심 지식, 핵심 기술, 경영 노하우, 핵심 디자인 능력, 핵심 인력까지 아우르는 종합 역량을 포괄적으로 지칭하는 것이다.

앞서 표현한 대로 "그에게는 무언가 '한칼'이 있다."라고 할 때 머릿속에 떠오르는 이미지로 쉽게 이해하면 좋을 듯하다. 이처럼 초일류 기업의 핵심 역량은 무협 소설에서 나오는 무림 고수의 필살기 같은 것이다.

마지막으로 '입 구ㅁ'는 평판 또는 존경을 의미한다고 할 수 있다. 세상 사람들이 자신의 입을 통해 초일류 기업이라고 인정하는 것이다. 즉 사회적으로 초일류 기업이라고 존경받을 수 있는 기업을 말한다고 볼 수 있다. "인구에 회자된다."라는 말이 있는데, 사람들의 입에 자주 오르내린다는 뜻이다. 여기서는 당연히 좋은 의미, 즉 경탄의 의미, 인정의 의미, 존경의 의미를 담고 있다. 이처럼 초일류 기업은 고객 충성도는 물론, 사회 전체로도 인정받으며 존경의 대상이 되는 기업을 말한다. 존경과 인정 사이라면 맥시멈이 존경이요 미니멈이 인정이다. 적어도 모든 이에게 인정받고 있다면 초일류의 조건을 만족시킨다고 할 수 있겠다.

기업은 초일류를 향한 노력을 끊임없이 추구할 때 안전하며 지속적으로 성장할 가능성 높다. 초일류 기업의 조건은 장수 기업의 조건과도 일맥상통한다. 다시 한번 정리하자면 다음과 같다. 초일류와 일류는 무엇이 다른가? '초超'가 다르다.

초超를 파자해 알아본 초일류의 3대 조건은 走First Mover, 刀 Core-Competency, 口Respect이다. 이를 공식으로 정리하면 [초일류 = 走 × 刀 × 口]이다.

초일류 기업의
5가지 경영 전략

초일류 기업의 공통된 경영 방식 또는 전략은 크게 5가지로 정리해볼 수 있다. 이번 글에서는 5가지 전략을 소개한다.

위기 경영: 위기의식 상시화

초일류 기업의 5가지 경영 전략 중 가장 먼저 생각해야 할 것은 바로 '위기 경영'이다. 어떤 기업이 경영을 제대로 하고 있는지 아닌지 판단할 때 가정 먼저 보는 것은 위기 경영이다. 위기 경영은 글로벌 일류 경영의 기본이자 공통적 특징 중 하나이기 때문이다.

위기 경영이란 한 기업이 당면한 어려움을 극복하기 위해 내리는 특단의 조치를 말하는 것이 아니다. 예컨대 도산을 막기 위해 어쩔 수 없이 하는 구조 조정이나 사업 축소, 기업 매각 등의 여러 가지 정책은 여기서 말하는 위기 경영이 아니다.

위기 경영은 세계 최고 또는 업계 최고의 기업이 되기 위해 자사의 현 위치를 정확히 파악하고 해당 업계 최고 기업과의 격차를 줄여나감으로써 궁극적으로는 그 기업을 추월하는 특수 경영 전략이다.

위기 경영의 출발은 자사의 현 위치를 철저히 파악하는 것이다. 이는 물론 자사가 추구하는 기업적 정체성과 존재성에 대한 본질적 탐구에서 시작된다. '우리 기업이 왜 존재하는가', '우리의 고객은 우리가 어떤 기업이 되기를 기대하는가'라는 궁극적 질문에서 시작하여, 자사가 어디에서 와서 어디에 있고 어디로 가는지 전체적인 그림에 대해 스스로 질문한다.

이후 두 번째 질문이 시작된다. 그것은 '우리가 현재 가야 할 길을 제대로 가고 있는가'이다. 초일류로 가는 길은 한 기업만 가는 것이 아니다. 수많은 경쟁 기업이 모두 그 길을 가고 있다. 그러므로 '제대로 가는 것'이 중요하다. 그 길을 가장 제대로 가고 있는 기업은 대개 업계 선두일 것이다. 그들은 스스로 좌표를 잡고, 다른 기업을 선도하며, 업계 표준을 주도하고, 모든 것에 벤치마킹 기준이 있는 기업이다.

따라서 선두 기업과 자사의 격차를 면밀히 분석해야 한다. 매출, 마켓 셰어, 손익 구조, 브랜드 경쟁력 등은 이미 조사되어 관리되고 있을 것이다. 선진 격차 분석은 해당 사업 경쟁력의 핵심이 되는 기술력, 제품력, 시장 장악력, 연구 개발력, 서비스력 등은 물론이고 제도, 시스템, 문화 같은 내부 경영 능력, 더 나아가서는 각 부문별 인적 경쟁력까지 포함한 종합 지표를 분석 및 관리해야 한다. 그 항목은 최소 10개에서 20~30개로 매우 구체화되어야 한다. 대충 하는 것은 그냥 경영이지 위기 경영이 아니다.

이렇듯 디테일하게 분석하여 치밀하게 관리하는 과정에서 자사의 부족함이 한눈에 보이기 시작하고 진정한 위기의식이 싹트게 마련이다. 그래서 위기 경영인 것이다.

이러한 위기의식은 최고경영자나 전략 스태프만 공유해서는 안 되고, 전 임직원이 알고 각자의 목표로 삼는 위기의식의 공감대가 형성되어야 한다. 이렇게 되면 임직원이 현실을 자각하고 목표에 대한 의지를 갖게 된다. 조직에 잔잔한 긴장감이 흐르면서 최고를 향한 도전 의식이 생기기 시작한다.

아울러 구체적 전략과 방법론이 함께 전개된다면 막강한 조직력을 통해 엄청난 힘을 발휘하게 된다. 단순한 구호로만 그치면 결코 안 되는 것은 자명하지만, 사실 대부분의 기업이 이렇게 잘 안 되는 것이 현실이다. 그래서 위기 경영은 참으로 어려운 일류 경영의 조건인 것이다. 이렇듯 자사의 현 위치를 제대로 알고, 전 임직원이 위기의식의 공감대를 가지며, 구체적 전략을 가지고 5~10년 경영하다 보면 결국 최고의 기업이 된다. 끊임없는 선진화에 대한 열망, 세계 최강자와의 비교, 퍼스트 무버를 추월하려는 지난한 노력의 결실이다.

위대한 성취를 이루었다 해서 위기 경영이 끝난 것은 아니다. 초일류 기업의 특징으로서 위기 경영은 이때 비로소 시작된다고 해도 과언이 아니다. 어떤 국가나 기업이든 혹은 개인이든, 조금 잘나간다 싶으면 자만하게 된다. 이만하면 되었다는 안도의 한숨과 여유가 생긴다. 이때 조금씩 조직 기강이 해이해지고, 임직원의 열정이 식고, 경영은 보수적이 되고, 사람들은 기득권을 수호하게 된다. 결국 조직은 성장을 멈추고 과거 위기 경영을 통해 보여주었던 도전 정신, 기업가 정신, 투혼 등이 사라지고 만다. 진정한 의미의 위기 경영이란 글로벌 선두를 달리면서도 2등과의 격차를 극대화하여 시간이 갈수록 더 멀어짐으로써 다른 기업으로 하여금 스스로 포기하거나 무너지게 만드는 경영 방식이다. 이것을 바로 '초격차 전략'이라고 한다.

따라서 기업의 최고경영자는 경계를 늦추지 말고 자신의 조직 생태계를 지속적으로 관리해야 한다. 한마디로 조직의 '메기'가 되어 '물 관리'를 잘해야 한다. 자칫 수질 관리에 실패하여 조직이 한번 오염되면 회복이 쉽지 않다. 1급수가 2급수로, 다시 3급수로 변질되는 것은 쉽지만 3급수가 1급수가 되기는 정말 어렵기 때문이다. 기업은 궁극적으로 흥망성쇠를 피할 수 없지만, 장수 기업은 하나같이 조직 생태계가 잘 관리되며 위기 경영에 능한 기업이다.

미래 경영: 미래의 기회 탐색

초일류로 가는 두 번째 경영이 바로 미래 경영이다. 우리는 시간의 흐름 속에서 경영을 전개하고 있다. 미래 경영은 한마디로 시간에 대한 경영 전략이다. 시간의 본질을 어떻게 이해하고 경영할 것인가 하는 점이 바로 미래 경영의 포인트다.

시간 경영이란 과거·현재·미래라는 3가지 시간 개념 중에서 어떤 것을 가장 중요시하여 경영의 중심과 에너지를 쏟을 것인가에 관한 질문이다. 경영의 보수성과 혁신성 또한 이 범주에 속하는 이슈다.

미래 경영이란 과거나 현재도 중요하지만 경영의 성공 기회가 현재보다는 미래, 그것도 가까운 미래가 아닌 먼 미래에 있다고 판단하여 미래 문제에 집중적으로 경영력을 쏟는 것을 말한다. 물론 미래 경영을 한다고 해서 현재의 경영을 경시하거나 소홀히 한다는 말은 결코 아니다. 실제로 초일류 기업은 현재 경영에도 탁월하지만, 미래 경영에는 몇 배나 더 탁월하다는 점이 특징이다. 반면 일류 기업은 모든 경영력을 현재에 쏟기 때문에 단기 경영은 잘하지만 장기 경영은 약하다. 오히려 여력이 없다고 보아야 한다. 실제 여력도 그렇지만 마음의 여력, 생각의 여력이 부족하다. 이 점에서 초일류 기업은 생각이 곧 핵심 역량인 기업이라고 해도 좋겠다.

이들 기업은 미래에 기회가 있다고 철저히 믿는다. 지금과 오늘도 중요하지만 내일과 모레는 더욱 중요하다고 생각한다. 이들은 현재나 2~3년 후보다 '5년 후, 10년 후 우리가 어떤 사업으로 살아남을 것인가'에 대해 더욱 많이 고민한다. 따라서 이들은 R&D 투자에 적극적이고, 사회적 책임에 대해서도 열린 태도로 접근하며, 내부적으로 인재를 양성하는 데 과감히 투자하는 등의 특징을 보이곤 한다.

초일류 기업이 내리는 판단의 핵심은, 현재와 미래가 상충될 때면 참 많은 고민이 되겠지만 결국 미래 가치를 선택한다는 점이다. 대개 이런 기업은 혁신 기업 리스트에 자주 이름을 올린다. 조직은 개방적이며 진취적이다. 이들 기업이 미래 기회를 포착하는 데 강한 흥미와 노력을 보인다는 점에서 미래 경영은 기회 경영과도 밀접한 관련이 있다.

기회 경영이란 항상 자사가 필요로 하는 기회를 찾아 끊임없이 이동하는 경영 방식을 말한다. 참고로, 기회 경영의 5단계는 기회 상실, 기회 상실 만회, 기회 손실 방지, 기회 창출, 기회 선점의 과정으로 전개된다. 기회 선점은 '선견-선수-선제-선점'의 단계로 접근할 수 있다. 기회는 어디에나 잠재한다. 현재의 기회는 보이는 기회이며, 나뿐 아니라 모두에게 보인다. 내가 진입하면 다른 기업도 곧바로 진입한다. 결국 기회가 크지 않다. 그러나 미래는 불확실하며 여러 리스크를 동반한다. 시간의 리스크와 확률의 리스크다.

기회 경영자는 보이지 않는 기회를 찾는 경영 방식을 즐겨 시도한다. 그들은 남보다 먼저 보고(선견), 남보다 먼저 일을 시작하고(선수), 남보다 먼저 제압하여(선제) 결국 남보다 먼저 차지한다

(선점). 이를 위해서는 승부사 같은 타고난 사업가적 기질을 필요로 할지도 모르겠다. 사실 블루오션 경영의 개념도 기회 경영과 많이 닮아 있다.

딱히 경영 용어는 아니지만 미래 경영과 관련하여 짚고 넘어가야 할 '준비 경영'의 개념을 간략히 정리해보도록 하자. 우리가 미래 경영을 하는 이유는 선제적 준비를 위해서다. 준비 경영은 '우리 기업이 5~10년 후에는 뭘 먹고살 것인가?'를 늘 생각하면서 이에 필요한 경영상의 준비를 미리미리 철저히 실행하는 경영 방식을 말한다.

준비 경영은 최근의 일반적 단기 경영 방식과 대비되는 장기 경영 방식이며, 그 기간은 10년, 20년, 30년으로 한계가 없다. 준비 경영을 하기 위해서는 '미래를 내다보고 기회를 찾아 선점할far forward looking' 필요가 있다. 초장기 경영이라고도 할 수 있다. 문제는 얼마나 도전 정신과 열정적 에너지를 가지고 자기 기업의 미래를 바라보고 투자할 수 있는가 하는 것이다.

대부분의 기업은 장기보다 단기 성과에 집착한다. 분기 단위로 초단기 성과에 집착하는 경영자도 많다. 물론 주주나 이사회의 CEO 평가 방식 때문이라고는 하지만, 너무 단기에 집중하면 CEO의 연봉은 극대화될지 몰라도 기업의 경쟁력이나 영속성은 위험해진다.

이때 경영의 포인트는 오로지 운영과 개선에 집중되며 혁신과 창조는 요원해진다. 혁신과 창조에는 시간이 걸리기 때문이다. 그래서 그럴듯한 슬로건이나 구호를 내밀지만, 정작 경영의 중점은 오직 단기 수익 증대에 있게 마련이다. 그래서는 안 된다.

미래 경영은 일종의 경영 전략이지만, 사실 경영 철학에 기인한다고 보아야 한다. 기업이 왜 존재하는가? 어떤 기업으로 100년, 200년 세상에 기여할 것인가? 그에 대한 가치와 열망이 기업을 미래 경영으로 이끈다. 미래 경영 또한 영속성 있는 기업의 조건이기도 한 것이다.

인재 경영: 사람에게 투자하라

초일류 경영 가운데 위기 경영과 미래 경영 말고 빼놓을 수 없는 것이 바로 인재 경영이다. 인재 경영은 사람에 대한 경영 방식으로, 그 본질상 인재를 중시하여 경영의 중심축으로 생각하고 운영한다.

인재를 경시하는 기업은 없다. 적어도 표면적으로는 그렇다. 하지만 내부 인재를 진정으로 소중히 여기고 경영하는 기업도 사실상 그렇게 많지 않다. 인재 경영은 기업의 경영 자원 중 하나인 인재를 다른 경영 자원에 비해 소중하게 생각하고 이들을 통해 경영 성과와 비전을 달성하려는 철학 또는 전략을 말한다.

인재 경영은 사람을 아끼는 경영이다. 조직 구성원 한 사람 한 사람을 소중히 여긴다. 특히 유능하고 책임감 있는 인재를 과감히 등용하고 발탁하며, 이들에 대한 투자를 아끼지 않는다. 인재 경영의 모습은 시대와 환경에 따라 변해왔지만 그 철학은 변함이 없다.

과거의 기업은 보유한 모든 인재를 육성 및 개발하여 조직 경쟁력의 원천으로 삼았다. 인재 경영 1.0이라 할 수 있다. 조직을 계층별로 구분하여 전 계층을 육성하며 내부 승진을 통해 키워나가는, 과거 일본식 인재 양성 방식이었다. 그 후 인재 경영 패러다임은 내부 인력 중 5~10%의 우수 인재만을 선발하여 전략적으로 양성하는 방식의 '핵심 인재 양성'을 전략 표준으로 삼게 되었다. 현재의 미국식 인재 양성 패러다임이라 할 수 있다.

21세기를 훌쩍 지나오면서 각 기업은 새로운 시대를 주도할 창조적 인재를 요구하게 되었다. 기업마다 조직의 변신을 위해 창의적 조직화를 추구해나가면서 전통적 인재보다는 이재異才, 즉 끼 있는 인재 또는 튀는 인재를 선호하게 되었다. 핵심 인재가 조직의 중심에 있는 인재라고 한다면, 창조적 인재는 상대적으로 변방에 있는 인재이며 가장자리에 있는 인재군이라 할 수 있다.

우수 인재가 제도권을 대표하는 인재라면, 창의적 인재는 변혁권을 대표하는 인재라 하겠다. 시대의 변화에 따라 각 기업은 이러한 인재를 내부적으로 발탁하거나 외부에서 적극 영입하여 조직 분위기를 일신하고자 했다. 창의적 인재는, 물론 다 그런 것은 아니지만, 기존 체제나 방식에 대해 반항적 자세나 비판적 의식을 가진 경우가 많다. 우수 미래 인재의 경우 비판을 위한 비판이 아니라 미래 지향적 대안을 제시하는 건강한 비판자인 것이다. 기존 조직에서 더 이상 잃을 것이 없는 사람들이 새로운 시대 환경에서 활약을 시작한 것이다.

이처럼 '어떤 인재를 양성해야 하는가'라는 질문의 정답은 '시대가 필요로 하는 사람을 양성한다'이다. 그러나 인재 경영은 누구를 양성하든 장기적 관점에서 전략적으로 양성한다는 확고한 철학과 그때마다 올바른 전략과 탄탄한 인재 양성 체계를 갖추고 시류에 흔들리지 않고 꾸준히 양성한다는 측면에서, 결코 쉽지 않고 흔하지도 않은 경영 방식이다.

인재 양성에 대한 대담한 투자는 말이나 구호가 아니라 실천과 실행이기에, 기업의 철학도 중요하지만 임직원의 의식에도 커다란 영향을 준다. 임직원은 회사가 자신을 수단이나 도구로 생각하지 않고 진심으로 존중하며 성장을 돕기 위해 엄청난 노력과 지원을 아끼지 않는다는 것을 알기에, 충성심을 가지고 헌신하고 몰입한다. 이러한 기업과 임직원 사이의 신뢰는 가치로 환산할 수 없는 기업 경쟁력이다.

결국 기업 경쟁력은 보이는 제품이나 매출 사업 손익 등의 하드웨어 경쟁력으로 나타나지만, 이 모든 것은 보이지 않는 기술과 브랜드와 경영력 같은 소프트웨어 경쟁력의 발현이다. 이러한 소프트웨어 경쟁력 또한 궁극적으로는 기업이 확보하고 있는 휴먼웨어 경쟁력에서 비롯되었다는 사실을 진정으로 아는 경영자는 그렇게 많지 않은 것 같다.

기업은 사람이고, 사람을 인재로 만들어 경영에 투입하여 경쟁에서 승리자가 되는 것이 경영의 기본 원리임을 아는 경영자를 우리는 '초일류 경영자'라고 부른다.

디자인 경영: 궁극의 조직 설계

초일류 경영의 또 다른 비결은 바로 디자인 경영이다. 디자인 경영 역시 생소하기에 그 의미상 오해가 많은 개념이다. 가장 일반적인 오해라면 한 기업의 디자인 기능을 잘 경영하는 것, 다시 말해 제품 디자인이 세련되고 훌륭한 기업으로 이해하는 경우다. 물론 전혀 틀린 말은 아니다. 하지만 초일류 방식으로서의 디자인 경영은 그 이상의 개념이다.

디자인 경영은 디자인을 경영하는management of design 차원을 넘어서 경영을 디자인하는design of management 것이다. 경영을 디자인한다는 개념을 이해하려면 우선 디자인의 개념부터 이해해야 할 것이다.

디자인은 어떤 생각이나 사상 또는 아이디어를 보이는 형태로 구현하는 기술이다. 보이지 않는 형태의 생각이나 아이디어를 보이는 형태로 설계하고 구성하여 사람들의 마음을 이끌어내는 작업이다. 좋은 디자인은 매력이 있다. 그래서 사람의 마음을 끄는 마력을 지닌다. 좋은 디자인은 한마디로 아름답다. 좋은 디자인은 과학성, 철학성, 미학성을 갖기에 기능성, 독창성, 심미성을 갖는다. 이러한 디자인 경영은 어느 정도 전문성이 요구되므로 당연히 전담 부서의 몫이고, 이에 대한 역량이 기업의 디자인 경쟁력을 좌우할 것이다.

반면 광의의 디자인 경영, 즉 경영의 디자인은 일종의 경영 전략이자 경영 방식이다. 경영의 디자인은 한마디로 경영의 모든 영역에 디자인적 노하우와 잠재력을 적용하는 경영 방식이다.

경영의 디자인을 위해서는 전사적 차원에서 모든 임직원의 디자인 마인드를 제고해야 한다. 이에 대한 최고경영자의 철학과 감각, 의지가 선행되어야 함은 물론이다. 그래야 일상 활동에서 자연스럽게 녹아들기 때문이다. 모든 것을 디자인적 감각을 가지고 사고하는 것을 디자인 씽킹design thinking이라고 한다. 디자인 씽킹은 21세기 경영의 조건이자 최고의 경쟁력 중 하나다.

기업에서 이러한 경영 방식을 적용할 수 있는 분야는 무궁무진한데 중요한 것 몇 가지만 소개하고자 한다. 먼저 한 기업이 처한 경영 환경을 정의할 때 디자인 경영 감각이 필요하다. 복잡하고 다양하고 불확실한 경영 환경을 제대로 읽어내지 못하면 올바른 경영 전략을 수립하거나 새로운 사업 방향을 전개해나가기 어렵다. 경영 환경을 자신의 업에 맞도록 단순화하여 개념화해야 한다. 이때의 디자인design은 정의define의 성격을 갖는다. 경영 환경이 명확히 정의되어야 임직원과 함께 쉽게 공유할 수 있다. 경영 환경 분석은 미래를 보는 눈이므로 기업마다 렌즈를 특화해야 한다.

다음은 사업 디자인으로, 비즈니스 모델링이라고 한다. '어떤 방식으로 사업을 할 것인가', '수익 모델은 무엇이고 어떤 프로세스 또는 사이클로 사업을 운영할 것인가'는 모두 디자인의 영역이다. 회사의 경영 전략 수립 분야도 디자인 경영 요소가 강하게 투입되는 분야다. GE의 잭 웰치가 아침 식사 때 떠오른 아이디어를 냅킨에 그렸다는 전략 디자인, 제프 베조스나 샤오미의 전략 디자인이 모두 이 분야의 비즈니스 디자인 사례라 할 수 있다.

조직 설계 역시 디자인의 영역이다. 전통적인 하이어라키 조직에서 팀 조직, 매트릭스 조직, 신경망 조직 등을 고려하는 것이 모두 디자인의 영역이다. 전통적 하이어라키 조직은 조직의 일사불란함이 미학인 조직의 기초다(조직 1.0). 팀 조직은 하이어라키 조직의 유연성을 확보하기 위한 유연 조직이다(조직 2.0). 팀을 독립적 단위로 하여 팀 내에서는 조직 운영이 훨씬 자유롭다. 매트릭스 조직은 조직을 입체적으로 운영하기 위해 기능과 사업(제품), 지역 등으로 조직을 이중, 삼중적 지휘 체계로 운영하는 운영 방식이다(조직 3.0). 디지털 신경망 조직은 전사 조직을 신경망처럼 입체적으로 연결하여 모든 조직이 다른 모든 조직과 직접 연결 가능하도록 사이버 공간에서 소통되게 하는 운영하는 방식이다(조직 4.0). 이 모든 것은 각 기업의 사업 특성과 조직 운영 능력을 감안하여 가장 효과적으로 설계되어야 한다. 비현실적 조직 설계만큼 운영 효율을 떨어뜨리는 요인도 없기 때문이다.

개인 업무 디자인 또한 디자인의 영역이다. 일하는 방식도 디자인이고 사내 복장 문화 디자인, 지식 및 학습 디자인, 시간 관리 방식도 디자인적 개념을 활용하면 엄청난 효율을 낼 수 있다. 사실 경영의 모든 것이 디자인이라 할 수 있다. 이는 우리말의 설계, 계획, 조직화, 관리를 포괄하는 훨씬 상위의 개념이다. 우리가 그렇게 부족하다는 개념 설계 능력 또한 디자인 역량의 확장 능력이다.

지금까지 디자인 경영을 가장 잘한 기업 중 하나가 애플이고, 그 중심인물은 스티브 잡스다. 잡스는 미래 환경 디자인, 자신의 비전 디자인, 비즈니스 모델 디자인, 전략 디자인, 조직 디자인, 제품 디자인, 자신의 프레젠테이션 디자인, 그리고 심지어 인생 디자인에 개인 복장 디자인까지 모든 분야를 거의 완벽에 가깝게 구현해낸 디자인 경영자라 할 수 있다.

디자인을 지배하면 경영을 지배하고, 기업 성공이 보장되고, 경쟁력이 확보된다. 앞으로 제대로 된 디자인 경영을 하는 기업은 정말 무서운 기업이 될 것이다.

창조 경영: 경영의 틀에서 벗어나다

초일류 경영 방식 중 최근까지 각광받은 것이 바로 창조 경영이다. 국내에서는 소리만 요란했지 구체적으로 구현한 기업이 그리 많지 않다. 창조 경영은 전형적인 21세기 경영 모델이라 할 수 있다.

창조 경영 방식은 닫힌 경영 방식이 아니고 정의에서부터 매우 개방적인 경영 방식이다. 그 때문에 창조 경영을 전통적 방식에 따라 개념화하거나 체계화하기는 어렵지만, 군이 예를 들어 설명하자면 다음과 같은 모델로 통합하여 정리해볼 수 있겠다.

창조 경영이란 전통적인 경영 방식의 틀에서 벗어나 한 기업이 미래를 선점하기 위해 필요한 경영 방식을 새롭게 만들어나가는 것이다. 한마디로 새로운 경영 방식의 창조다. 그러므로 모든 것이 열려 있다.

GE는 오랫동안 경영 방식의 선도적 위치를 차지했다. 1980년대 초 'No. 1 또는 No. 2 전략' 같은 사업 구조 조정에서 출발해 1980년대 말 '워크아웃Work Out', 1990년대 CAPChange Acceleration Process, QMIQuick Market Intelligence, 식스시그마, 2000년대 초 '이비즈니스e-Business' 경영까지 늘 새로운 경영 방식의 선도자였다. 글로벌 리딩 기업인 GE는 또한 새롭게 취임한 제프리 이멜트의 '상상력 경영'으로 창조 경영의 포문을 열었다. 하지만 2000년대 중반 이후 스티브 잡스의 복귀로 스마트 시대를 연 애플이 창조 경영의 중심으로 등극했다. 실제로 애플의 많은 경영 콘셉트는 새로운 경영 방식을 추구하고자 하는 기업에 많은 영향력을 끼쳤다. 요즘 대세인 플랫폼 경영 방식도 잡스의 아이디어였다.

전통적으로 경영 전략이나 혁신은 모두 제품, 프로세스, 사람이라는 경영의 3대 축을 중심으로 전개되어왔다. 제조업이 주도하는 2.0 경영 시대였기 때문이다. 창조 경영은 초기에는 개념이 확실하게 정립되지 않아 제품의 창조화(창조적 신제품의 개발 및 출시), 프로세스의 창조화(혁신적 공정 기법 개발이나 경영 방식 개발), 사람의 창조화(창조적 인재의 발굴 및 육성) 형태로 진행되었다. 그러나 이후 제조업을 기반으로 하지 않는 IT 기업이 경영 방식의 주도권을 잡으면서 창조 경영은 본격적으로 전개되기 시작했다.

창조 경영 방식의 모델은 현재로서 플랫폼 경영 정도를 들 수 있다. 그렇다면 앞으로는 어떤 경영 방식이 유효할까? 기업마다 스스로 질문하고 자신의 업에 맞는 경영 방식을 선택해 새롭게 디자인하는 것이 창조 경영이다. 전통적으로 초일류 기업은 늘 자신의 경영 방식을 새롭게 개발해 스스로를 변신시켜왔다. 반면 일류 기업이나 이류 기업은 초일류 기업의 경영 방식을 벤치마킹하거나 참고하여 경영 성과를 만들었다. 그런 의미에서 창조 경영 방식은 기업의 현실과 특성에 맞는 경영 방식을 스스로 만들어가는 것이라고 정의할 수 있겠다.

"자신에 최적화된 경영 방식을 새롭게 끊임없이 창조하라."

"다른 기업이 쉽게 따라 할 수 없는 나만의 방식으로."

이것이 초일류 기업이 하고 있는 창조 경영이다.

초일류 기업을 꿈꾸는 기업이라면 위기 경영→미래 경영→인재 경영→디자인 경영→창조 경영의 단계를 밟는 것이 좋겠다. 물론 MECEMutually Exclusive and Completely Exhaustive(상호 배제와 전체 포괄, 즉 겹치지 않으면서 빠짐없이 나누는 것)하지는 않지만, 각 경영 방식의 중점적 포지셔닝이 다르기에 선택적으로 활용하면 좋을 듯하다. 나는 이 모델을 21세기 경영 모델 또는 초일류 경영 모델로 제시하고 싶다.

4.0 시대의 새로운 경영 해법, 마하 경영

경영 방식의 전환을 마무리하면서 추가로 언급할 것이 있는데, 바로 '마하 경영'이다. 마하 경영은 초음속의 단위 마하에서 비롯된 명칭이다. 제트기에는 두 종류가 있다. 음속 제트기와 초음속 제트기다. 우리가 타는 항공기는 당연히 음속이며, 시속 800km 정도로 날아간다. 반면 초음속 제트기는 마하 1, 즉 시속 1224km 이상으로 날아가야 한다. 그런데 음속 제트기가 속도만 가속화할 수 있다고 초음속 제트기가 되는 것은 아니다. 비행기의 성능, 엔진, 재질, 심지어는 조종사까지 모두 바꿔야 한다.

이처럼 마하 경영이란 한 기업이 기존 환경에서 전혀 다른 환경으로 진입하기 위하여 모든 것을 바꿔나가는 총체적 경영 활동이며, 새로운 환경이 필요로 하는 물적 요소와 인적 요소를 모두 바꿔나가야 한다는 점이 핵심이다.

따라서 마하 경영은 완전히 다른 경영 환경에 직면하여 기존 체제로는 더 이상 초일류 기업을 유지하기 어려운 경영상의 한계에 도달했을 때만 사용하는 일종의 특단적 경영 방법론이다. 한계 돌파 경영이나 초탈무극超脫無極 경영에 가깝다. 초탈무극 경영은 초일류의 비전을 가지고(超), 혁신의 마인드를 고취하여 기존의 모든 방식에서 탈피하며(脫), 무한 도전 정신을 발휘하여(無), 극한의 위기 극복을 달성하는(極) 경영 방식이다.

마하 경영은 일종의 변혁 경영이다. 이전 기업과는 전혀 다른 기업으로 변신하는 것으로, 기존 개념의 기업 변신과는 다르다. 전통적으로 기업 변신은 오랜 기간에 걸쳐 이루어지는 경우가 많았다. 100년 이상의 역사를 가진 장수 기업 중 글로벌 초일류 기업은 모두 변신 기업이다. 그런데 변혁 경영은 이와 다르다. '급격한 경영 환경에 직면하여' 이루어지기 때문이다. 매우 짧은 기간에 걸쳐 총체적 변신을 꾀해야 한다. 일종의 극약 처방으로, 커다란 위험과 무리수를 감수해야 한다. 현실적으로 모든 기업이 마하 경영을 할 수 있는 능력이 있는 것은 아니다. 일류 기업이 고도의 위험을 감수함으로써 초일류를 실현하는 최고 난이도의 경영 방식이다.

예컨대 삼성이 1993년에 시도한 '신 경영 방식'은 마하 경영에 가까운 편이었다. "모든 것을 바꾸자!"는 최고경영자의 리더십을 바탕으로 그때까지의 비전, 전략, 제도, 경영 프로세스, 제품, 사람, 인프라, 서비스 등을 모두 바꿔나갔다. 저항도 많았고, 희생도 많았고, 어려움도 많았다. 하지만 20년 후에는 시가총액 세계 10위권에 브랜드 가치 세계 6위라는 세계 초일류 기업의 모습을 갖춘 삼성전자가 탄생했다. 이것은 당시의 글로벌 이류 수준 기업이 일류를 넘어 초일류까지 육박할 수 있었던 마하 경영의 실제 사례로 이해해도 큰 문제가 없다.

초일류 기업의
7가지 혁신 전략

롤프 스미스Rolf Smith는 자신의 저서 《개인과 조직의 혁신을 위한 변화 7단계》에서 독특한 혁신론을 제시했다. 그는 혁신을 7단계로 구분하면서 비교적 구체적이고 자세하게 설명하고 있다. 이 글에서는 롤프 스미스의 '혁신의 7단계 이론'을 간략히 소개하고자 한다. 그는 혁신을 정도에 따라 다음과 같이 총 7개 범주로 설명한다.

효과, 효율, 개선, 삭제, 모방, 차별화(창조), 불가능에 대한 도전

첫 번째, '효과'는 개념 그대로 하려고 하는 것을 실행하는 것이다. 핵심은 실행했는가 실행하지 못했는가, 즉 실행에 성공했는가

실패했는가 하는 것이다. 일단 실행에 성공하면 어떤 비용을 치르더라도 '효과적'이라고 말한다.

두 번째, '효율'은 어떤 비용과 부담을 통해 실행에 성공했는가를 보고 판단하는 개념이다. 비록 실행에 성공해 원하는 결과를 얻었다고 해도 과도한 비용 부담이나 희생이 발생했다면, 효과적이었어도 효율적이지는 못한 혁신 활동인 것이다.

세 번째, '개선'은 효율적인 혁신 활동이었지만 이전보다 확실히 나아진 부분이 있어야 한다는 것이다. 2단계와 비교해 설명해본다면, 이전 효율보다 뚜렷한 개선이 있어야 한다는 의미다.

네 번째, '삭제'는 한마디로 하지 않아야 할 일을 하지 않는 것이다. 설령 꾸준한 개선이 있다 해도 자세히 살펴보면 여전히 하지 않아야 할 일, 불필요한 일이 계속 시행되고 있는 경우가 많다. 따라서 삭제는 잘하는 것 중심의 관점에서 벗어나 안 해야 할 것을 안 할 수 있는 능력이 필요한 단계라 할 수 있다.

다섯 번째, '모방'이다. 여기서의 모방은 업계 최고의 경영 혁신을 위해 다른 선진 기업의 경영 방식을 배워 그 수준까지 끌어올리는 노력을 말한다. 물론 업계 최고라 했지만 단계적으로 할 수도 있고, 여러 측면에서 해당 분야 최고의 각기 다른 회사로부터 따로따로 배우는 전략을 수립할 수도 있다. 예컨대 GE는 모토로라로부터 제조·생산 분야의 강점인 식스시그마를 배우고 마케팅과 유통은 P&G의 QMI를 배우는 대신, 자신들이 잘하는 워크아웃이나 CAP 같은 혁신 활동은 상대 회사에게 공유하는 상호 벤치마킹을 실시했다.

여섯 번째, 차별화, 즉 '창조' 단계다. 선진 기업에서 더 이상 배울 것이 없을 때에는 자신의 혁신 활동을 스스로 만들어가야 한다. 다시 말해 퍼스트 무버로서 자체 연구와 노력으로 자신의 길을 개척해가야 하는 것이다. 제대로 된 혁신은 사실상 이 단계부터라고 할 수 있다. 대표적인 예는 스마트폰이다. 기존의 모든 기술을 합치고 거기에 플러스 알파를 하여 새로운 세상을 열고 있지 않은가?

일곱 번째, '불가능에 대한 도전'은 혁신의 마지막 단계로서 최고난도 수준의 혁신 활동이다. 지금까지 한 번도 도전하지 않은 수준으로, 업계 통념상 도전 자체가 무모하고 불가능하다고 여겨지는 수준에 대해 도전적으로 혁신을 수행하는 것이다. 불가능이란 본래 결코 가능하지 않은 일을 의미하지만, 여기서 말하는 불가능은 물리적 불가능이 아니라 심리적 불가능이나 경험적 불가능이다. 역사적으로 많은 혁신과 창조 활동이 이전까지 불가능하다고 여겨진 수준을 깨고 탄생했다. 하지만 그 과정이 매우 어려울뿐더러 시간과 비용 또한 많이 들고 엄청난 자원이나 고도의 기술을 요구하기에, 소위 업계 통념상 '넘을 수 없는 벽'으로 여겨지는 것들에 대한 무모한 도전과 성공을 의미한다. 무인 자동차, 스페이스X 프로젝트, 게놈 프로젝트, 뇌과학 등이 모두 이 범주에 속한다.

지금까지의 내용을 좀 더 쉽게 범주화해 정리하면 다음과 같다. 효과와 효율 단계는 혁신의 기초 단계 또는 초보 단계(삼류 혁신), 개선과 삭제 단계는 일반적 기업의 평균 수준(이류 혁신)이라 할 수 있다. 모방은 단순 모방과 부분 모방을 제외하고 업체 최고 수준을 향한 종합적 벤치마킹 단계를 기준으로 일류 혁신이라 볼 수 있으며, 창조와 불가능에 대한 도전은 혁신의 최상위인 초일류 혁신으로 보면 좋을 것이다. 이와 달리 다소 엄격히 구분해 5단계 모방까지를 이류 혁신으로 분류하고 창조는 일류 혁신, 불가능에 대한 도전은 초일류 혁신으로 보아도 좋을 것이다. 국내 경쟁이라면 앞의 기준이, 글로벌 경쟁 기업이라면 뒤의 기준이 각각 높은 설득력을 가질 것이다.

중요한 것은 이러한 혁신의 제반 양상이 한 기업 내에서도 사업별, 분야별, 기능별, 지역별, 심지어 부서별로 상이할 수 있다는 점이다. 단순한 레벨링보다는 이러한 7가지 방식을 적절히 활용해 혁신 성과를 최적화하는 것이 가장 좋은 방법이다. 다만 혁신은 노력과 비용이 많이 들고 조직 피로도와 임직원의 에너지 소모를 높이는 경우가 많다.

그러므로 조직의 리더가 혁신 전문가와 머리를 맞대고 최적의 혁신 디자인을 함으로써 시행착오가 최소화되도록 하는 것이 정말 중요하다. 혁신의 90% 이상이 소기의 성과를 내지 못하고 실패하는 이유는 이 과정에서 지식과 기술, 경험이 매우 부족한 아마추어 혁신을 감행하기 때문이다. 조금 심하게 표현해 혁신은 기분으로 하는 것도 아니고, 폼으로 하는 것도 아니며, 자신의 리더십을 보여주려고 하는 것도 아니기에 오직 경영의 개념인 최적화라는 생각만 가지고 진행해야 성공할 수 있다.

실제로 혁신은 대단히 어려운 일이어서 고난도의 기술이 요구되는 종합 예술에 가깝다고 할 수 있다. 과거는 물론 지금도 현존하는 전 세계의 CEO는 수없이 많다. 그중에서 자신의 기업, 회사, 조직을 제대로 혁신할 줄 아는 CEO가 몇이나 되겠는가를 생각해보면 답이 나올 것이다. 그래서 기업 혁신은 정치 혁명보다 더욱 어렵고 성공 확률이 희박하다고 하는 것이다.

경영을 바라보는 관점의 혁신

혁신은 관점을 바꾸는 데에서 시작된다. 한 기업이 과거의 제품 중심에서 고객 중심으로, 또는 고객 중심에서 기업 가치 중심으로, 기업 가치 중심에서 사업 플랫폼 중심으로 바꾸는 것은 확실히 혁신이라 할 수 있다. 모든 혁신은 관점의 변화를 수반한다. 그래서 관점의 전환이 중요하다. 한마디로 '모든 것을 다 바꾼다'는 것이 혁신의 본질적 DNA다.

앞에서도 설명한 바와 같이 모두가 혁신을 그렇게도 열망하고 절박한 필요성을 느낀다고 말하면서도 혁신 성공률이 매우 낮은 이유는 무엇일까? 그것은 바로 이전 시스템 최적화의 역설에 있다. 기존에 성공한 기업, 잘나가는 기업, 괜찮은 기업, 전통이 오랜 기업이 혁신에 실패할 확률이 다른 기업에 비해 훨씬 높다는 사실을 아는가? 우수 기업일수록 혁신에 고전하는 이유는 이전의 시스템, 즉 기존 시스템에 최적화되어 있기 때문이다. 이제까지 모든 것이 최적화되어 세밀히 관리 및 운영되는 경영 시스템을 모두 버리고 새롭게 출발하거나 개혁하는 일은, 조금 과장하자면 불가능에 가깝다. 기존에 잘나가는 기업이 경영 환경의 변화나 경쟁사의 도전 또는 고객의 니즈 이동 등으로 새롭게 변신하고자 혁신을 시도할 때에는 혁신 비용이 다른 기업에 비해 2배 이상 들어가게 마련이다. 그럼에도 불구하고 성공률은 50% 이하가 된다.

거듭 말하지만 기업은 사람이다. 장치나 기술 도구는 그냥 바꾸면 된다. 물론 그 새로운 장비를 운전하려면 큰 비용이 추가로 들겠지만 '사람을 바꾸는 일'은 훨씬 더 지난하다. 여기서 '바꾸는 일'을 '교체'로 보면 별문제 없어 보이지만, 현실적으로 사람을 모두 교체할 수는 없는 일이고 그래서도 안 된다. 결국 남은 사람이 문제인데, 아무리 교육해도 의식과 관행과 사고 패러다임이 바뀌지 않으면 혁신은 실패로 돌아가게 마련이다. 이미 여러 번의 경험으로 알고 있지 않은가?

어린 시절을 돌이켜보면 이해가 쉬울 것이다. 이를테면 이미 그려진 그림을 새로운 그림으로 바꾸어 그리는 것과 같다. 그것이 어디 쉬운 일인가? 차라리 새로운 도화지에 그리는 편이 훨씬 쉬울 것이다. 피아노를 가르치는 일도 마찬가지다. 이미 레슨을 받은 적 있거나 독학으로 배워 어느 정도 칠 수 있는 학생을 훌륭한 피아니스트로 키워내는 일은, 피아노를 전혀 배우지 않은 아이를 차근차근 기초부터 체계적으로 키워내는 일보다 훨씬 어려울 것이다. 여러 가지 습관이나 나쁜 버릇에 최적화되어 있기 때문이다. 혁신도 이와 같다.

변화를 감지하는
경보 장치를 마련하라

개구리 두 마리를 각각 별도의 비커에 넣고 가열한다. 단 하나의 비커는 온도를 서서히 높이고, 다른 비커는 급속히 가열한다. 급속히 가열한 비커 속 개구리는 갑자기 물이 뜨거워지므로 사력을 다해 점프하여 비커 밖으로 뛰쳐나온다. 반면 서서히 가열하는 다른 비커 속 개구리는 미미한 온도 변화를 감지하지 못하고 비커 속에 그대로 앉아 있다 서서히 죽어간다.

개구리의 변화 감지 능력을 교훈으로 삼아야 한다. 우리가 아는 대로 개구리는 변온동물이다. 외부의 온도 변화에 따라 체온이 변하니 온도 변화를 쉽게 감지하기 어렵다. 이 실험을 지켜보고 있노라면 개구리가 한심하다는 생각이 든다. 물이 끓기 시작하는데도 도무지 움직이지 않고 몸만 조금씩 뒤척이다 죽음을 맞이하는 것이다. 그러나 곰곰이 생각해보면 개구리뿐 아니라 우리 인간의 적나라한 모습이기도 하다. 과거 인류의 역사를 돌아봐도, 현재 우리가 몸담고 있는 각종 조직의 모습을 보아도, 우리의 일상생활을 보아도 크게 다르지 않은 형국이다.

혁신은 변화 감지 능력과 매우 밀접하다. 조직에 혁신이 가능하려면 첫 번째 개구리처럼 비커를 박차고 나와야 한다. 그러려면 조직의 변화 감지 능력이 탁월해야 한다. 따라서 기업은 자신의 조직에 조기 경보 장치를 마련해 미리미리 환경 변화를 알아채고 예고해야 한다. 또한 평소에 늘 위기의식의 공감대가 형성되도록 각종 장치를 설계하여 조직 내에서 작동시켜야 한다. 쉽지 않은 일이기에 경영 위기에 살아남는 기업이 적은 것이다. 반면 살아남는 기업, 아니 위기 때 오히려 강한 기업은 위기를 기업 성장의 호기로 삼는다. 한마디로 위기를 기회로 만드는 경영 능력이 탁월한 셈이다. 이러한 기업이 가지고 있는 노하우는 의외로 따라 하기가 쉽지 않은데, 이유는 위기관리가 평소 관리에서 시작하기 때문이다. 일단 위기가 발생하고 나면 극복이 쉽지 않으므로 평소에 미리미리 관리하는 것이다. 평소 관리에는 당연히 비용과 노력이 발생한다. 스스로 현명하다고 자처하는 기업은 아무 일도 없을 때 비용을 들이는 일은 어리석은 짓이라고 말한다. 결국 그들은 평소에 어리석은 짓을 하지 않지만 위기에 어리석은 일을 당한다. 반면 평소 어리석은 짓을 하는 것처럼 보였던 기업은 위기 때 현명한 기업이 된다.

결국 평소 위기관리는 보험 같은 것이다. 아무 일 없으면 쓸데없는 비용이지만 일단 사고가 나면 자신이 낸 보험료 수준으로 막을 수가 없다. 결국 CEO의 안목과 수준 있는 경영 능력이 조직의 미래와 사활을 결정하는 셈이다.

4장

인재 4.0

인재의 반격

산업이 변하면 기업이 변하고, 기업이 변하면 경영이 변하고 조직이 변한다. 그리고 조직이 변하면 사람이 바뀐다. 새 시대는 과연어떤 인재를 필요로 할까? 그리고 그러한 인재를 어떻게 확보할 수있을까? 산업, 기업, 사업, 직무, 업무 모두 일이다. 일이 변하면 사람이 바뀌게 마련이다. 업의 개념이 바뀌면 그 일에 필요한 사람이바뀌기 때문이다. 기업은 자신이 필요로 하는 새로운 인재를 어떻게 확보할 것인가?

21세기 국가 경쟁력은 기업 경쟁력에 의해 좌우되는 비중이더욱 높아지고 있다. 또한 기업 경쟁력은 그 기업에서 일하는 인재의 개인 경쟁력에서 비롯된다. '기업은 사람이다'라는 명제에 동의

한다면, 결국 기업 경쟁력은 당연히 사람 경쟁력이라는 말이 된다. 계속 강조하지만, 산업혁명은 결국 사람 혁명이고 사람 혁명은 인재 혁명의 형태로 나타난다. 전통적 산업형 인재가 새로운 시대의 디지털, 스마트, AI형 인재로 혁명적 대체가 이루어질 수밖에 없는 것이다.

뉴 밀레니엄과 디지털 혁명의 파도가 한창 기세를 떨치던 2001년, 《인재 전쟁》(맥킨지에서 발표한 21세기가 필요로 하는 새로운 인재상을 토대로 저술한 책)은 당시의 치열했던 구인란 상황을 '인재 전쟁의 시대'로 규정했다. 당시 전 세계가 넘쳐나는 아날로그 인력과는 크게 대비되게 디지털 인력 부족에 시달리고 있는 상황에서, 디지털 인재를 확보하기 위한 각 기업의 치열한 경쟁을 전쟁에 빗대어 표현한 것이다. 마케팅 전략이나 경영 전략같이 대외적 상황을 '전쟁'에 비유하여 사용해온 것은 오래된 일이지만, 인력 문제에 대해 전쟁이라는 표현은 당시의 관념으로서 매우 놀라운 것이었다.

이미 시작된
인재 혁명의 태풍

그로부터 20년이 지난 지금, 바야흐로 또 한 차례 새로운 인재 전쟁의 시대를 맞고 있다. 이는 인재 혁명에 대한 시대적 요구를 해결하는 과정에서 벌어지는 필연적 사태다. 기존 산업에 필요한 인재는 넘쳐나고 새로운 산업에 필요한 인재에 대한 투쟁이 시작될 것이다. 공대의 인기 학과는 대체로 화학→기계→전기→전자→컴퓨터→우주항공→생명→환경공학으로 이동해왔다. 산업의 변화에 따라, 또한 사회의 변화에 따라 선호하는 인재 유형이 달라지는 것은 당연하다. 전쟁은 자원, 물자, 식량이 부족할 때 벌어지는 인간의 마지막 선택이다. 전쟁은 항상 생존 차원에서 벌어진다. 그래서 때로는 가혹하고 잔인하게 펼쳐진다. 언제나 그렇듯이 전쟁의 승자는 원하는 것을 가질 수 있지만 패자는 모든 것을 잃는다.

경영의 관점에서 볼 때 사람은 사람만의 특징이 있다. 인적 자원은 확보와 양성에서 기간 단축 등의 혁신이 거의 불가능하다. 옛말처럼 일신우일신日新又日新해야 성장할 수 있다. 아이를 빨리 낳고 싶다고 해서 임신 기간을 다섯 달로 줄일 수는 없는 일이다.

사람을 키우는 데에는 오랜 시간이 필요하다. 사람 양성이야말로 혁신이 가장 어려운 분야다. 미래 환경을 예측하고 미래 사회를 분석하여 조만간 다가올 시대가 필요로 하는 인재의 모습이, 필요로 하는 역량이 무엇인지를 미리 정의하고 나서 집중적으로 키워야 하는 것이 순리다. 하지만 현실에 너무 매몰되어 있으면 미래를 볼 수 없다. 미래를 볼 수 없으면 미래가 필요로 하는 인재가 안 보인다. 지금 당장 필요한 인재만을 소비하다 미래를 놓쳐버린다. 비록 현재를 얻었지만 현재는 결국 과거로 지나가고 언젠가는 미래가 현재로 다가온다. 그때는 어떻게든 해보려 해도 속수무책이다.

그래서 미래 인재상을 미리 그려내는 것은 중요하다. 물론 오늘 당장 필요로 하는 인재상을 정의하고 육성하는 것도 중요한 일이다. 하지만 기업의 본질은 미래에 필요한 인재상은 현재와 비교하여 어떻게 다른지, 어떻게 달라져야 하는지, 어떻게 다르게 변할지를 늘 염두에 두고 사람을 경영하는 것이다.

기업은 사람이라고 했다. 기업의 관점에서 보면 사람은 과거에 필요했던 사람, 현재 필요한 사람, 미래에 필요할 사람이 각각 다르다. 그렇기 때문에 인재 양성은 점으로 관리하면 안 되고 늘 선으로 관리해야 한다. 효과적인 기업 경영을 위해서는 사람의 가치에 대한 맥락적 사고가 매우 중요하다. 인재 양성의 맥락을 잘 읽어내야 하는 것이다.

인재 4.0

그렇다면 4차 산업혁명은 어떤 인재를 요구하는가? 이 시대가 필요로 하는 인재는 과연 어떤 유형의 사람들일까? 그들은 어떤 지식과 기술을 갖추고 있으며, 기존의 전통적 인재와는 어떤 차이를 보이는가? 바로 인재 4.0 문제다.

과거에도 시대 변화에 따라 인재상 변화는 계속되어왔다. 산업화 초기 중후장대 산업이나 경박단소 산업 같은 전통적 산업 경제에서 필요로 했던 인재는 이른바 개미형 인재다. 한마디로 '근면 성실형 인재'다. 이들에게 일이라는 것은 본래 끝이 없어서 해도 해도 할 일이 많다. 특히 모두가 한결같이 남보다 더 많이 더 열심히 일해서 올라갈 수 있을 만큼 높은 곳까지 올라가고자 하는 마음으로 더욱 열심히 일했다. 산업형 인재는 국가관이나 조직관도 뚜렷하다. 비록 기업에서 근무하지만 국가에 대한 사명감이나 애국심도 남달라서 자신이 하는 일이 국가 발전에 기여한다는 보람과 자부심으로 열심히 일해왔다.

2000년대 들어서면서 직업관이 바뀌고 인재상이 달라지기 시작했다. 21세기에 새로운 경영 패러다임이 대두되기 시작되었다. 뉴 밀레니엄과 디지털, 인터넷 혁명의 영향으로 일하는 방식에 대한 선호가 달라지기 시작했다.

이제는 개미의 시대에서 거미의 시대로 간다. 사실 거미의 시대라는 말은 디지털 혁명이 시작되던 2000년대 초기에 나왔다. 그러나 그때는 초기 인터넷 시대이기도 한 데다 디지털 버블이 확 꺼지면서 상징적 비유로 주저앉고 말았다. 특히 2000년대 중반 이후 디지털 침공에 대한 아날로그의 반격으로 인간의 감성이 크게 강조되고, 이른바 미감유창의 창조 사회가 열리고 기업에서도 창조 경영이 가속화되면서 거미의 시대는 그렇게 끝나는가 싶었다.

그러나 2010년도 초중반을 지나면서 또다시 거미의 반격이 본격적으로 시작되었다. 4차 산업혁명을 주도하는 핵심 기술과 산업을 생각해볼 때, 이제 시대가 필요로 하는 상징적 동물은 '개미'가 아닌 '거미'라는 사실을 인정할 수밖에 없다. 연결의 시대에 거미만큼 연결 능력이 뛰어난 동물이 어디에 있으랴! 줄 하나로 그렇듯 손쉽게 자신만의 독자적 영역을 구축할 수 있는 동물은 없다.

지난 수십 년을 거쳐 현재에 이르는 동안, 세계적으로 앞서가는 기업이 2000년대 초반까지 생각한 인재상의 변화를 간단히 요약하면 다음과 같다.

- 인재 1.0: 개선형(1980년대): 근면, 성실, 표준, 모범
- 인재 2.0: 혁신형(1990년대): 혁신, 도전, 튀는 인재
- 인재 3.0: 창조형(2000년대): 디지털형 인재, 물음표를 느낌표로 바꿀 수 있는 인재

그렇다면 앞으로 전 세계를 주도할 4.0 인재는 과연 어떤 조건을 갖춘 사람들인가? 첫째로 환경적으로는 4차 산업혁명을 주도하고, 둘째로 산업적으로는 초탈무극의 산업 구조를 이해하면서 플랫폼 사업 같은 사업 패러다임을 이해해야 한다. 셋째로 4.0 기업이 필요로 하는 전 지구 생태계와 인류의 번영을 가슴에 품으며, 넷째로 4.0 경영에 필요한 마하 경영을 주도하고, 다섯째로 불가능에 도전하는 4.0 혁신에 적합한 인재여야 한다. 마지막으로 조직에서는 수평 조직, 플랫폼 조직, 생태 조직에서 생활하는 데 적합한 여러 조건을 두루 갖춘 복합형 인재여야 한다.

이 6가지 조건을 찬찬히 들여다보면 하나의 논리적 결과로 귀결된다. 문명이 바뀌면 산업이 바뀌고, 기업과 경영, 그리고 혁신

방식이 바뀌며 조직과 리더십 또한 바뀐다. 21세기의 모든 기업이 처한 바로 이 6가지의 도전을 해결하는 데 필요한 인재가 바로 4.0 인재다. 이제는 과거의 인재처럼 단순히 기능화 및 지식화된 인재보다, 다가오는 새로운 환경 생태계에서 끝까지 살아남을 뿐 아니라 조직의 미래를 개척해가는 데 중요한 역할을 할 만한, 새로운 시대가 필요로 하는 인재를 발굴하거나 키워내야 한다.

이러한 모습의 4.0 인재를 한마디로 표현하자면 일종의 '플랫폼형 인재'라고 말할 수 있다. 전체를 바라보고, 틀을 바꾸고, 판을 읽고 새롭게 하며 획을 긋고, 새로운 장을 여는 인재를 말한다. 한편 플랫폼형 인재는 전문성을 기본으로 하기는 하지만, 다양한 분야의 복합 역량을 확보하고 이를 주어진 업무 환경에서 유연하게 풀어낼 수 있다는 점에서 다능형 복합 인재인 것이다.

기업형 천재를 잡아라

사람들은 21세기를 흔히 '1명의 천재가 1만 명, 10만 명을 먹여 살리는 시대'라고 한다. 이에 따라 4.0 인재를 굳이 천재론의 관점에서 설명하자면, 전통의 지능형·학교형 천재와 구별되는 기업형 천재나 사회 생태형 천재라 할 수 있다. 4.0 인재는 얼핏 보기에 명문 학교 출신이 아닐 수 있고, 학교 성적이나 착실한 모범생이 아닐 수도 있다. 그러나 그들은 특유의 통찰력과 자신만의 방식으로 미래를 내다보고 자신의 미래 모습을 그려가며 결국 세상을 바꾸는 인재다.

예를 들자면 빌 게이츠, 손정의, 스티브 잡스, 마윈 같은 인물이다. 다른 관점에서 보면 2020년 오스카상을 수상한 봉준호 감독을 떠올려도 좋다. 그들은 기존 체계에 강한 불만과 거부감을 가지고 자신만의 길을 창조했다. 그들은 우선 생각하는 방식이 일반인과 큰 차이를 보인다. 사물을 바라보는 각도가 다르고, 인식하는 체계가 다르고, 해석하는 방식이 다르다. 또한 보통 사람들과는 생각하는 방식이 다르고, 생각하는 시간도 다르고, 생각하는 태도도 다르다. 한마디로 사고의 결이 다르다.

우리가 전통적으로 모범적 인재라고 생각했던 사람들은 보편적 사고, 표준적 사고, 전형적 사고, 합리적이고 상식적인 사고를 즐겨 한다. 그들은 누가 보아도 세상을 잘 관리 및 운영하고 업무성과도 좋은 편이다. 그들은 늘 주변에서 칭찬을 듣고 정도의 길을 간다. 그러나 그들은 세상을 바꾸지 못한다. 그들은 안정화된 시기 규칙적인 환경에서 발군의 실력을 보이지만 변혁기, 격변기, 전환기, 패러다임이 바뀌는 격동기에는 평소 탁월한 능력에도 불구하고 매우 무기력할 가능성이 높다. 즉 합리적 무능력자로 전락할 가능성이 높다는 것이다.

이제는 전통적인 천재의 이미지를 버리고 천재를 새롭게 정의할 때가 온 듯하다. 마찬가지로 기업에서도 엄청난 스펙이나 화려한 학력 중심의 천재 경영에 대한 잘못된 고정 관념을 바꾸어야 한다. 4.0 인재는 일종의 팔색조지만 기존 조직에서 보기에는 칠면조처럼 보일 가능성이 높다. 기업에서는 칠면조(조직에서 제거해야 할 불필요한 존재)와 팔색조(조직의 미래를 위해 꼭 필요한 존재)를 구별할 수 있는 안목을 키워야 한다.

4.0 인재 발굴을 위한 10가지 질문

4차 산업혁명이 미래에 어떤 모습으로 전개될 것인가 하는 점은 우리 모두에게 참으로 궁금한 일이다. 시대가 필요로 하는 인재를 발굴하려면 시대에 대한 올바른 질문부터 시작해야 하기 때문이다. 미래 사회에 대한 우리의 생각을 구체적으로 그려나가기 위해 먼저 다음과 같은 10가지 질문이 필요하다.

1. 미래의 산업은 어떤 패러다임으로 변할까? 어떤 산업이 뜨고 어떤 산업이 쇠락할까? 구체적으로는 어떤 사업의 성장 가능성이 높을까? 과연 비즈니스 모델은 어떻게 변할까?

2. 기업은 어떻게 변할까? 기업의 어떤 기능이 기대될까? 기업의 본질과 역할은 어떻게 변해나갈까? 장수 기업은 힘겹지만 앞으로도 계속 존속할 수 있을까? 어떻게 변신해야 계속 기업으로 기능

하며 영속할 수 있을까? 대기업이 영속할 수 있을까? 신흥 기업이 기민성을 발휘하여 공룡 기업을 하나씩 무너뜨리지는 않을까?

3. 경영은 또한 어떻게 변해야 할까? 지금까지의 수많은 경영 전략은 앞으로도 유효할까? 경영의 정의는 지속적으로 유효할까? 경영의 개념이 변하지는 않을까? 왜 경영의 최신 기법은 탄생하지 않을까?

4. 혁신은 어떤 진화를 보일까? 전통적 혁신으로 새로운 미래를 헤쳐나갈 수 있을까? 정체된 혁신 기법은 다시 새롭게 개발될까? 이제 혁신의 시대가 서서히 가고 있는 것은 아닐까? 새 시대를 주도할 새로운 혁신 기법에는 무엇이 있을까?

5. 조직은 어떻게 변할까? 아직도 기업에서 대세를 이루는 하이어라키 조직은 계속 유지될까? 아니면 전통적 조직 구조는 해체되고 새로운 조직 질서로 재편될까? 그렇다면 과연 어떤 모습으로 재편될까? 조직 내 또는 조직 간 소통 방식은 어떻게 변할까? 특히 1990년대 이후 태어난 Z세대를 맞이해 새롭게 변해가는 조직 생태계를 어떻게 관리해야 할까?

6. 조직의 리더는 어떻게 변할까? 그들에게는 어떤 리더십이 요구될까? 오랜 전통 가운데 퇴화된 리더십이 환골탈태할 수 있을

까? 새로운 세상, 새로운 조직에서 리더는 과연 필요할까? 리더 대신에 시스템으로 관리하면 안 될까? AI를 리더로 하여 의사 결정을 받으면 안 될까? AI 리더의 시대는 과연 올까? 기존의 리더는 어떻게 변신해야 할까?

7. 조직을 관리하는 인사는 어떤 기능을 할까? 인공지능이 빅데이터로 채용하고, 배치하고, 승진시키고, 평가하고, 보상 기준을 정하고, 후계자를 선정하면 지금보다 좋아질까, 더 나빠질까? 인사 분야는 어디까지 AI로 대체될 수 있을까? 혹시 기업이 AI를 채용하는 일이 생기지 않을까? AI 인력 회사로부터 AI를 채용하고, AI를 승진시키고, 성과에 따라 보상하고, 지속적으로 역량을 업그레이드하는 AI 전담 조직이 탄생하지는 않을까?

8. 직장에 근무하는 사람은 어떻게 변해야 할까? 4차 산업혁명 사회에서도 평생직장을 강조하는 기업이 존재할까? 새로운 모습의 직장에서 직업관은 어떻게 변해야 할까? 제4의 시대에는 과연 어떤 인재를 필요로 할까? 그들에게는 어떤 능력이 요구될까? 그것은 과연 개발될 수 있는 능력일까? 최고의 인재상을 AI에게 학습시킬 수는 없을까?

9. 교육은 어떻게 변할까? 4차 산업혁명이 진전되면 우리의 학교 교육은 변할 수 있을까? 변하더라도 제대로 변할 수 있을까? 더

나빠지는 것은 아닐까? 기업은 인재 양성을 어떻게 해야 할까? 인재 양성이 필요하기는 할까? 우수한 인력을 채용하는 것과 기존 인력을 양성하는 것, 어느 쪽이 더 효율적일까? 과연 경영적으로 의미 있는 활동일까? 교육의 철학과 방법론은 어떻게 바뀌어야 할까? 도대체 무엇을 교육해야 할까? AI 시대에 사람에게 요구되는 역량은 무엇일까? 무엇이 핵심 역량이 될까?

10. 과연 개인의 일상생활과 함께 인생은 궁극적으로 어떻게 변할까? 우리는 100세 인생을 어떻게 준비해야 할까? 노인은 과연 새로운 사회에 적응할 수 있을까? 100년의 스펙트럼에서 10년마다 구별되는 세대 차를 서로 어떻게 극복할까? 다가오는 미래는 장수 인간에게 행복을 줄까? 아니면 죽음보다 더 혹독한 불행을 가져다줄까?

다음 글에서 이상의 질문에 대한 답을 찾아 나서보자.

새로운 인재의
4가지 성향

2017년 2월, 애플의 CEO 팀 쿡은 강연을 위해 실리콘밸리에서 보스턴으로 날아갔다. 그는 미국 동부의 명문 MIT 졸업식 강연에서 이렇게 말했다.

"나는 인간처럼 생각하는 능력을 지닌 컴퓨터나 AI를 걱정하지 않는다. 내가 오히려 더 걱정하는 것은 컴퓨터처럼 생각하는 사람들이다. 스스로 어떤 가치나 동정심을 느끼지 못하거나 남에게 무심한 사람들 말이다. (중략) 나의 경우는 어떻게 인류에 봉사하느냐가 생애 최대의 질문이었는데, 여러분도 이 질문을 품고 살아가기를 바란다."

실리콘밸리를 이끄는 최고의 기업 애플의 CEO가 학생들에게,

아니 어쩌면 온 인류에게 던지는 질문의 핵심은 무엇이었을까? 더욱 가속화된 기술 혁명으로 기계는 점점 인간처럼 생각하고 말하고 행동하는 기계 인간이 되어가는데, 이를 사용하는 인간은 이전보다 더 생각하기 싫어하고 인간답지 못하게 기계화되고 있다는 '인간 기계'에 대한 경고의 메시지라고 생각한다.

기계가 인간의 모든 일거수일투족을 통제하고 지배하는 이 시대에 과연 우리는 얼마나 인간다움을 유지하며 살아가고 있는가?

이제부터는 보다 구체적으로 4.0 인재에 대한 이미지를 그려보자. 4.0 인재란 지금 우리에게 다가오고 있는 네 번째 파도를 넘어 조직과 스스로를 구원할 미래형 인재를 말한다. 그들은 AI의 속성을 제대로 이해하고 활용할 줄 알아야 하며, 시대정신에 따라 자연스럽게 활동하면서도 시대적 사명을 인식하여 마음껏 활약할 수 있는 인재를 말한다.

그렇다면 그들에게는 과연 어떤 조건, 즉 어떤 성향과 능력이 필요할까? 미래 4.0 인재로 나아가려면 기본적으로 아홉 가지 요건을 갖춰야 한다. 우선 4.0 인재가 기본적으로 갖춰야 할 성향을 4가지로 정리하고, 이어지는 글에서 이들에게 필요한 역량을 5가지로 설명할 것이다. 이를 '4성 5력'이라 불러도 무방할 것이다.

인성

네 번째 파도를 넘어서 조직을 구원할 4.0 인재의 첫 번째 요건은 바로 인성이다. 여기서 말하는 인성은 기계와 차별화되는 인간의 성향이나 특징을 의미한다. 4.0 인재의 요건으로 인성이 제일로 꼽히는 이유는 무엇일까? 앞으로 AI가 세상을 지배하는 시대가 올 것이기 때문이다. 미래에는 기계 문명이 세상을 지배한다. 조직에서도 모든 업무가 기계화 및 지능화될 것이다. 따라서 미래에는 기계답지 않은 인간만의 특징과 성향이 매우 중요해질 것이다. 예를 들어 인재의 역량으로 이성(지성)과 감성, 논리와 직관 중에서 이성(지성)보다는 감성이, 논리보다는 직관이 더 중요해질 것이다. 한마디로 말해 빅데이터로 대치할 수 없는 것, 대치하기 어려운 것이 바로 인성의 핵심이다.

4.0 인재에 요구되는 인성의 구체적 내용은 인간 본연의 심성과 인간다운 품격, 그리고 인간만의 특별한 가치관이다.

먼저 심성은 기계가 가질 수 없는 인간 본연의 마음가짐과 행동 양식이다. 인간미, 도덕성, 예의범절, 에티켓이 포함된다. 첫 번째로 인간미는 인간만이 발산해내는, 기계는 흉내 낼 수 없는 특별한 매력을 의미한다. 인간에게서만 느낄 수 있는 맛과 멋이다. 인간다움이다. 인간에게서만 느낄 수 있는 따뜻한 마음, 인정, 배려, 온화함, 용서, 관용, 화해, 양보, 조화 등의 요소를 두루 갖춘 인물이 인간미 있는 인재다. 인공지능이 갖추고 있지 않은 영역이다. 두 번째로 도덕성은 인간으로서 마땅히 지켜야 할 윤리적 태도와 도덕의식을 말한다. 정직함, 공의로움, 탐욕을 넘어 절제하는 정신, 사회적 약자에 대한 배려, 준법정신, 양심, 올바른 판단과 결정, 이해관계를 넘어선 도덕적 결정, 사회적 정의 구현, 인류 사회의 미래를 향한 정책 집행, 보편적 진리에 대한 수호 같은 것이다. 모두 인공지능이 가지고 있지 않은 부분이다. 세 번째로 예의범절은 상사와 부하, 그리고 동료 사이에 지켜야 할 예의를 의미한다. 이는 조직과 사회를 유기적으로 연결하고 인간 사회를 원활히 돌아가게 만드는 인간적 행동이다. 네 번째로 에티켓은 국제적으로 또는 인간 사이에 상대를 배려하는 태도와 행동을 말한다.

다음으로 품격은 한마디로 격이 있는 삶의 태도와 행동을 의미하며 언言, 행行, 심心, 사思, 모貌 등으로 구체화된다. 언은 격조 있는 말씨, 행은 올바른 몸가짐과 행동거지, 심은 올바른 마음가짐, 사는 올바른 생각, 모는 적절한 외모, 의복, 이미지 등을 말한다. 마지막으로 올바른 가치관이란 올바른 미래 세계를 만들어가기 위해 갖춰야 할 종합적 가치관을 의미한다. 4.0 인재는 인간관, 인생관, 가족관, 직업관, 기업관, 사회관, 국가관, 세계관, 자연관, 역사관 같은 다양한 분야의 가치관을 스스로 정립해나갈 수 있는 인성과 힘을 갖춰야 한다. 이러한 가치관이 결여된 인재에게 조직과 국가의 미래를 맡기는 것은 참으로 위험한 일이다.

전문성

지식 정보 사회는 전문성을 바탕으로 경쟁력이 확보되었다. 4차 산업혁명 시대에도 전문성은 여전히 중요하다. 적어도 한 가지 분야에서 확실한 경쟁력을 갖추고 있어야 한다. 문제는 '어떤 전문성을 확보할 수 있는가'이다. AI 시대에 인공지능으로 대체될 수 있는 분야에 대한 전문성은 매우 위험하다. 반복적 숙련 분야에 해당하는 직업은 인공지능에 의해 대체될 수 있다. 1차, 2차 산업혁명 시대에는 인간의 육체노동에 의한 반복적 숙련 분야를 기계가 대체했다. 그러나 4차 산업혁명 시대의 기계는 인간의 고도로 전문화된 지식과 경험 영역을 바탕으로 한 분야에 치명적 공격을 가할 것이다. 예를 들어 최근까지 각광을 받았던 직업, 아니 여전히 각광받고 있는 직업군 중 법조인(판사, 검사, 변호사, 법무사 등), 의료인(의사, 수의사, 약사, 임상병리사 등), 전문인(세무사, 공인회계사, 변리사 등), 그리고 교사와 교수 등의 이른바 전문직, 다시 말해 종래에 전문 지식 습득 후 자격증을 받고 경험을 축적해 사회의 고급 직업으로 영향을 미쳤던 직군은 모두 인공지능 시대에 AI로부터 크게 영향을 받을 수 있다.

따라서 앞으로 전문 직종은 비전문가와 전문가라는 기존의 이분법적 단순 구조에서 벗어나 비전문가→전문가→초전문가→탈전문가의 4단계로 이동해야 한다. 참고로 초전문가는 전문가 중 10% 이내의 탁월한 전문성을 확보해 그 능력이 절정에 이른 사람을 의미한다. 또한 탈전문가는 초전문가가 유관 분야 또는 종래의 전문 영역과 무관한 색다른 분야에 도전해 전문성을 갖추게 되는 수준을 말한다. 탈전문가는 복수의 전문성을 갖추고 이미 전문가로서의 명성을 넘어선 초절정의 직업적 지위를 갖게 됨으로써 희소성을 가질 뿐만 아니라 기존 전문가가 기여하지 못하는 새로운 분야(틈새 분야 포함)에서 탁월한 가치 창출 능력을 발휘한다.

전문성과 관련해서는 자신의 현재 포지셔닝을 바탕으로 이동 계획을 수립하면서 장기적 설계를 해야 한다. 그리고 AI의 침범성을 감안하여 기계가 할 수 없는 새로운 영역으로의 이동을 지속적으로 모색해야 한다.

창의성

네 번째 파도를 넘어 새로운 세계를 만들어갈 4.0 인재가 갖춰야 할 세 번째 요건은 바로 창의성이다. 창의성은 창조 경영 수행에 필요한 능력과 합치하는 개인적 성향이다. 일반적으로 창의성이란 새로운 생각이나 개념을 찾아내거나 기존 생각이나 개념을 새롭게 조합해내는 것을 선호하거나 즐기는 성향이다. 창의성을 갖춘 인재는 전통에 얽매이지 않고 사물이나 업무에 대해 늘 새로움을 추구하며, 기존의 정형화된 방식보다는 한 번도 해보지 않은 방법에 대해 위험을 감수하면서 깜짝 놀라게 하기도 한다.

창의성이 높은 사람들은 같은 일을 반복적으로 하기를 체질적으로 거부하며 늘 새로운 방식에 도전하고 발견해내기를 좋아한다. 남이 하지 않는 방식으로 일하기도 하고, 남보다 한발 앞서간다. 늘 새로운 방식을 제시하고, 한 번도 하지 않은 방식을 거부감보다는 호기심으로 대한다. 스스로 독창적인 방식을 연구하여 다른 사람들에게 제시하고 이를 실행하고자 한다. 비교적 실험에 능하고 실패를 두려워하지 않는다.

이러한 창의성은 구체적으로 상상력, 영감, 통찰력이라는 3가지 능력과 연관되어 발휘된다.

첫 번째로 상상력이다. 인간의 상상할 수 있는 능력이다. 상상력은 신에게 받은 인간의 가장 소중한 능력이며 누구에게나 있는 보편적 능력이다. 그런데 의외로 많은 사람들이 상상력을 특별한 사람이 가지는 특별한 능력, 심지어 초능력 같은 것으로 생각하는 경향이 있다. 인간은 누구나 잠재적으로 이러한 능력을 가지고 있는데 다만 적절한 기회를 통해 발현되지 않기 때문이며, 부분적으로는 우리의 교육 시스템이 인간의 상상력을 개발시키는 커리큘럼이 아니었기 때문이기도 하다. 패스트 팔로어는 상상력을 발휘할 필요가 없다. 어느 의미에서는 상상력이 독이 된다. 시간 변수가 있기 때문이다. 그동안은 우리에게 시간이 가장 중요했고 효율 중심의 시스템이 지배했다. 그래서 상상력은 충분조건에도 들지 못하는 일종의 '이단 조건'이었다고 할 수 있다. 상상은 곧 공상이며 공상은 빈 생각, 껍데기 생각에 불과하기 때문에 살아가는 동안에는 큰 도움이 안 된다. 지금은 상상력의 시대다. 미국의 전통적 기업인 GE조차 2000년 후에는 '상상을 현실로'라는 슬로건을 내세웠다. HP 역시 2000년대 중반 자신들의 뿌리인 차고garage의 기업 정신을 다시 내세우며 '인벤트invent'라는 구호로 상상력의 시대를 열었다. 지금은 상상력의 시대이며, 상상하지 못하는 자는 새로운 사회에 가치를 창출할 수 없다. 조직에는 이런 인재가 필요하다.

두 번째로 영감이다. 4.0 인재는 탁월한 영감을 가진 자들이다. 영감이란 무엇인가? 사소하거나 평범한 것, 일상의 것으로부터 아이디어를 추출하고 새로운 생각을 발견하거나 만들어내는 성향이다. 그들은 특별한 감각을 가지고 있고 남다른 깨달음이 많은 사람들이다. 같은 사물을 똑같이 보고도 다른 영감을 얻는다. 그들은 감수성이 뛰어나다. 그들은 동일한 사물이나 사건에 대해 보통 사람보다 훨씬 많은 생각을 끄집어낸다. 그들의 아이디어는 항상 신선하다. 영감은 무슨 신령한 영적 능력을 말하는 것이 아니라 일종의 직관적 깨달음이다. 노력과 의지에 의한 산물이라기보다 마치 우연의 산물처럼 생성되는 생각이나 아이디어, 지혜 같은 것이다. 영감은 상대의 지식과 나의 지식이 결합하는 과정에서도 종종 발생한다. 따라서 그들은 대화를 통해서도 많은 영감을 얻는다. 상대방의 사소한 이야기도 흘려듣지 않고 특별한 영감을 받는다. 그들은 사람들로 하여금 항상 기대하게 만든다. 영감이 많은 사람들은 조직의 보배다.

세 번째로 통찰력이다. 통찰은 예리한 관찰력으로 사물을 꿰뚫어 보는 것을 말한다. 통찰력 있는 사람은 다른 사람이 보지 못하는 것을 본다. 안목이 대단하다. 보통 사람과는 생각의 결이 다르다. 그들은 늘 문제의 본질을 파악하고자 노력한다. 피상적인 파악을 넘어서 구체적으로 접근한다. 한마디로 문제에 대한 접근 방식이 다르다. 그들은 생각의 대상에 몰입하여 깊이 있게 뜯어보고 밑바닥까지 천착한다. 그들은 사물에 대해 깊이 생각하면서도 동시에 사물의 전체를 일람한다. 왜냐하면 모든 일을 가볍게 여기지 않고 진지하게 생각하기 때문이다. 심층 분석을 통해 깊게, 또한 관련 사안과 연관하여 폭넓게 보면서 진지하게 궁구하다 보면 기존 방식과는 다른 새로운 솔루션이 제공되기도 한다. 통찰은 본질적 고찰을 통한 일종의 문제 해결 능력이다. 통찰은 절실함을 통해 깊이 있는 결론을 찾아내는 생각의 고성능 레이다 탐지기 같다고 할 것이다.

야성

4.0 인재로 가는 마지막 성향은 야성이다. 야성이란 미지의 세계에 도전하고 개척하는 정신이다. 야성을 구성하는 정신적 요소로는 개척 정신, 문제의식(발견 능력), 기업가 정신, 주인 의식(직업가 정신)이 포함된다.

첫 번째, 개척 정신이다. 개척과 탐험은 왜 어려울까? 고생스러

위서? 아니다. 리스크 때문이다. 위험하기 때문이다. 개척 정신은 불확실한 미래를 자신의 직관과 안목으로 스스로 개척하는 능력을 말한다. 이를 위해서는 과감한 도전 정신과 탐구 정신이 병행되어야 한다. 개척한다는 것은 미지의 세계의 변경邊境 끝까지 가는 것이다. 미래에 왜 이 정신이 중요한가. 남들이 한 번도 가보지 않은 그곳에 바로 기회가 있기 때문이다. 결국, 미래형 4.0 인재는 남들보다 앞서 기회를 포착하는 인재이다.

두 번째, 문제 발견 능력이다. 문제 발견 능력은 기존의 문제 해결 능력과 어떻게 다를까? 문제 해결 능력은 3.0 역량이다. 주어진 문제를 기존 방식들과는 다른 방식을 찾아내어 풀어가는 능력이다. 반면 문제 발견 능력은 근본적으로 무엇이 문제인지를 찾아내는 능력이다. 문제가 진짜 문제가 되기까지는 일반적으로 문제로 보이지 않기에 문제로 여겨지지 않는 것이다. 그래서 모두가 문제라고 생각지 않는 것은 문제가 아닌 것이다. 그러나 문제인데도 문제라고 생각지 못했다면 그것은 실제로 문제인 것이다. 아직 문제라고 여기지 않는, 안 보이는 문제를 발견해 다른 사람들에게 문제로 인식시키고 이를 해결할 수 있는 능력을 가진 사람이 바로 4.0 인재다. 문제 해결 능력과는 차원이 다른 한 수 위의 능력이라 할 수 있다. 경영이 보이지 않는 것을 보이게 하는 일이라면, 보이지 않는 것을 보는 능력이 바로 문제 발견 능력 아니겠는가?

세 번째, 기업가 정신이다. 기업가 정신은 설명하지 않아도 이미 잘 알려진 역량 요소다. 기업가 정신은 자신이 선택한 업을 통해 사회적 가치를 창출함으로써 인류 사회나 주변에 도움이 되고 세상을 변화시키려는 숭고한 정신이다. 물론 사업가로서는 이러한 가치 창출 활동을 통해 이윤을 확보하고 부를 축적한다는 현실적 목적도 있다.

'업을 일으킨다는 것'은 결코 쉬운 일이 아니다. 생각이 뚜렷하고 확고해야 한다. 무슨 일을 하든지 그 일의 본질을 확실히 이해하고 그 일을 통해 시장과 사회, 고객의 가치를 어떻게 증대시킬지 남보다 10배, 20배 고민하고 시도하며 실패해야 한다. 기업가 정신은 필연적으로 실험 정신과 실패의 자산화를 조건으로 한다. 실수를 두려워해서는 안 되고, 무수한 실험 및 실습과 시행착오를 경험해야 한다. 또한 불굴의 노력과 의지도 요구된다. 이처럼 지난한 과정을 통해 업이 성취되어 흥기하고 성장하고 발전하는 것이다. 21세기의 경쟁력은 무엇일까? 남이 하지 않는 일을 남보다 한발 앞서 준비하여 시도하고 끝까지 실행하여 성취해내는 것이다. 경영은 지知 · 행行 · 성成이다.

앞서 기업가 정신을 말했지만 모두가 자신의 사업을 일으켜야 하는 것은 아니다. 현대 사회에서 90% 이상은 자영업이 아닌 조직인이다. 회사원이라는 이야기다. 회사원이란 자신에게 맡겨진 일을 통해 적절한 보수를 받는 사람들이다. 소위 월급쟁이다. 흔히 월급쟁이 하면 생계나 경제적 이유로 어쩔 수 없이 하기 싫은 일을 하면서 급여를 챙기는 사람들을 연상하기 쉽다. 아주 틀린 말은 아니지만 꼭 맞는 말도 아니다.

네 번째, 직업가 정신은 한마디로 프로페셔널리즘이다. 자기가 일으킨 업은 아니지만 조직에서 큰 업을 완성하기 위해서 자신에게 맡겨진 업무, 직무, 일에 대해 기업가와 똑같은 의식과 가치 태도를 지니고 그 업을 이룸으로써 사회적 가치를 창출한다. 현대 사회에서 미래 사회로 갈수록 조직인은 더욱 늘어날 것이다. 기업가뿐 아니라 직장인도 사회적 가치를 창출하고 있다. 다만 그들이 그러한 의식을 가지고 일하는가 하는 것이 문제다. 직장인이 그러한 의식을 가지게 되면 '위대한 직업가'가 된다. 나는 이것을 '직업가 정신'이라고 부르고 싶다. 직업가 정신은 21세기 현대 사회에서 직장 생활을 하는 모든 사람에게 선물로 주어지는 직장 생활의 정신적 유토피아이자 인생 철학의 꽃이다.

새로운 인재의
5가지 능력

앞의 글에서 우리는 새로운 시대의 새로운 인재가 갖추어야 할 성향을 4가지(인성, 전문성, 창의성, 야성)로 나누어 살펴보았다. 이번 글에서는 4.0 인재가 갖추어야 할 구체적 능력을 5가지로 구분하여 살펴볼 것이다. 그 능력은 플랫폼 능력, 질문 능력, 개념 설계 능력, 아키텍처 능력, 디테일 능력이다.

플랫폼 능력

4차 산업혁명의 도래와 함께 전 세계 비즈니스는 플랫폼 사업으로 급속히 이동하고 있다. 4.0 인재에 필요한 역량이 바로 플랫폼 능력이다. 플랫폼 능력을 제대로 갖추려면 먼저 플랫폼 사고를 해야 한다. 전통적 인재가 4.0 인재로 전환되기 어려운 이유 중 하나다. 파이프라인 비즈니스 환경에 익숙한 전통형 인재는 플랫폼 사고로 전환하기가 정말 어렵다. 전통적 프로덕트형 사고는 품질에 과도하게 집착한다. 기업은 상품을 만드는 곳이다. 전통 산업의 핵심은 제조업이다. 입사 이후 업무, 관리, 경영 패러다임은 모두 자기 제품을 중심으로 전개되었기 때문이다. 이는 너무나 중요하기 때문에 당연하다.

프로덕트 사고 패러다임은 명사형 사고 패러다임이다. 정태적이고 존재론적이며 시간을 반영하지 않는다. 각 제품 하나하나는 독립적이고 개별적이며 상호 간섭이 없다. 하나하나의 구슬과 같다. 반면 플랫폼 사고는 개별 제품의 품질도 중요하지만 이들이 서로 연결되어 있어야 한다는 점이 더 중요하다. 따라서 동사형 사고를 해야 한다. 제품을 꼭 스스로 만들 필요가 없다. 굳이 힘들게 만들려 하지 않고 지구상에서 최고로 만들 수 있는 곳과 제휴하거나 연결하고자 한다.

프로덕트 사고와 플랫폼 사고는 접근 방식과 운영 방식이 모두 다르다. 점형 사고와 선형 사고, 존재론적 사고와 관계론적 사고, 절대적 사고와 상대적 사고는 대단히 상반된 사고 패러다임이다. 종단적 사고와 횡단적 사고, 정태적 사고와 동태적 사고, 저량stock과 유량flow은 좌뇌와 우뇌처럼 사용하는 뇌가 달라지는 것이다.

또한 기업 경영의 가치 창출 동력에 대한 개념도 바뀌어야 하는 것이다.

개별 지식에서 연결 지식으로의 전환이 필요하다. 여기서 필요한 것이 메타 인지 능력이다. 일반 지식보다는 지식에 대한 지식이 중요해진다. 일반 지식은 고립된 독립 지식이지만, 메타 지식은 연결된 지식을 의미한다. 내가 아는 것과 모르는 것이 1차 지식이라면 내가 아는 것을 아는 것, 배우는 법을 배우는 것, 내가 무엇을 모르는지 아는 것 모두가 메타 지식이다.

플랫폼 능력은 구슬 같은 일반 지식을 하나로 꿰는 능력이다. 연결 지식인 것이다. 거미, 네트워크, 연결, 플랫폼 등이 모두 시대가 지향하여 이동하는 방향이다. 결국 인간의 사고가 다시 한 차원 업그레이드되고 있는 것이다. 3차원에서 4차원으로 말이다.

질문 능력

질문 능력은 그동안 우리에게 그다지 중요한 능력으로 대두되지 않았다. 오랫동안 별로 필요한 능력으로 인정되지 않았고, 심지어 한편으로는 금기시된 능력이기도 하다. 1.0 시대나 2.0 시대에 질문은 오히려 작업을 방해하고, 학습을 저해하며, 관계를 깨뜨린다고 여겨지기까지 했다.

우리에게 질문 능력이 강조되기 시작한 것은 인재의 기업 경영에서 상상력과 창조력이 강조된 3.0 시대부터였다. 상상력이 중요한데, 상상력은 왕성한 호기심에서 출발한다. 호기심이란 무엇인가? 사물에 대한 질문, 즉 문제의식에서 비롯된다. 질문을 하지 않는 문화에서 살아온 사람들에게 질문 능력이 발달되었을 리 없다. 우리는 평균적으로 질문을 잘하지 못한다. 우리나라 언론 기자들이 오바마 대통령 앞에서 보여준 모습은 두고두고 충격으로 다가온다. 어찌 프레스 인터뷰의 기자들뿐이랴. 학교에서, 직장에서, 정부 조직에서, 군대에서, 하다못해 일반 사교 모임에서조차 질문은 없다. 지금까지 우리의 의식 속에서 질문하는 자는 반역자이자 이단자이며 적이었다. 질문은 상대의 의견에 동조하지 않고 반대하는 의식의 표현으로 여겨졌기 때문이다.

반대로 질문을 받는 사람의 입장에서 보면, 질문은 자신의 생각이 잘 전달(설득)되지 못했음을 의미하는 것으로 인식한다. 당혹스럽고 불쾌한 일이다. 과연 그런가? 질문은 상대에 대한 존중이자 사랑이다. 적극적으로 경청하지 않으면 질문이 생기지 않는다. 질문이 없다는 것은 잘 듣지 않았다는 것이다. 집중해서 들으면 질문이 생기지 않을 수 없다. 기계라면 모를까? 기계는 입력 장치이므로 상대의 출력을 그대로 입력한다. 인간은 그렇지 않다. 상대의 정보를 집중하여 수집하고, 분석하고, 해석하고, 취사선택하고, 동의하고, 비판하고, 수용하고, 적용한다. 질문이 없으면 이러한 프로세스에 중대한 결함이 생기고 하자가 생긴다. 우리는 그동안 하자 있는 커뮤니케이션을 했다. 무비판적 수용은 주입이며, 더욱 심하게 가면 세뇌에 가깝다. 질문은 능력이다. 마인드셋mindset이자 태도이며 훈련해야 할 역량이다.

질문은 훈련해야 한다. 내가 무엇을 궁금해하는지를 명확히 한 뒤 최대한 간명하게, 즉 간단하고 명확하게 질문해야 한다. 질문 능력은 경청 능력과 요약 능력과 되묻기 능력이 모두 필요한 복합 역량이다. 그러니 탁월한 질문 능력을 갖는 것은 결코 쉬운 일이 아니다. 실제로 우리 주변에서 의외로 질문 잘하는 사람을 보기 어렵다. 질문을 잘한다고 자처하는 사람들도 질문의 요령을 모르는 경우가 많다.

질문의 제일 원칙은 무엇일까? '질문은 짧게! 대답은 길게!'이다. 그런데 질문이 대체로 길다. 질문 속에 자신의 의견이나 주장이 들어가고, 질문을 하면서 질문을 정리하니 질문의 시작과 끝이 달라진다. 질문하다가 자신이 무슨 질문을 하는지 헷갈려서 횡설수설하다 끝내는 경우도 실제로 많이 본다. 고의적으로 자신의 질문 자체에 의미를 두고 핵심과 동떨어진 질문을 던지는 경우도 많다. 질문의 해악과 공해는 이루 말할 수가 없다. 그렇기 때문에 질문에 대한 이미지가 점점 더 안 좋아진다. 아예 질문 자체의 필요성을 느끼지 못하는 경우도 상당하다. 이 모든 것이 질문 능력을 배양하는 데 걸림돌이 되므로, 이에 대한 고정관념과 인상부터 바꿀 필요가 있다. 한마디로 질문 문화를 개혁해야 한다.

좋은 질문은 보석처럼 아름답다. 상대의 불완전함을 보완하고 대화의 격을 높이며 지식은 고차원적으로 업그레이드시킨다. 그것도 짧은 시간에 말이다. 촌철살인이란 말을 아는가? 질문의 위력은 그와 같다. 권투로 따지면 카운터펀치다. UFC 같은 격투기에서는 이를 필살기라고 한다. 한 방에 상대를 제압한다. 질문은 인간이 AI를 제압하기 위해 확보해야 할 영순위 경쟁력이라고 생각한다. 혹시 '좋은 질문과 나쁜 질문'이 따로 있을까? 그런 것은 없다. 질문은 질문일 뿐 질문은 다 좋다. 다만 질문의 형식이나 질문의 태도, 질문의 방법이 서투를 뿐이다.

그러므로 우리는 질문을 생활화하고, 질문을 훈련하고 연마해야 한다. 질문 중 가장 좋은 형식의 질문이 있다면 무엇일까? 바로 자기 질문, 즉 자신에게 질문하는 것이다. 그것보다 더 좋은 질문은 없다. 자신이 질문하고 자신이 답하는 형식의 자문자답이 질문의 '끝판 왕'이다. 우리 모두 자기 질문을 하자. 명상, 묵상, 고민, 사색, 자아 성찰 등이 모두 질문의 파생 개념인 것이다.

개념 설계 능력

개념 설계 능력은 이정동 교수 등 서울대 교수 26명이 공동으로 집필한《축적의 시간》(2015)에서 강조되어 그 중요성이 널리 환기되었다. 이 책은 우리나라가 직면한 경제 정체의 문제가 개념 설계 능력 및 축적의 시간 부족에 기인한다고 지적한다. 과거 과정 생략과 능력 집중의 압축 성장 모형으로 성장한 대한민국이 선진국 진입에 꼭 필요한 개념 설계 능력과 축적의 시간을 갖지 못했다는 것이다.

개념 설계 능력이란 무엇인가? 흔히 콘셉트 디자인이라고 불리는 이 역량은 한마디로 보이지 않는 것을 그려내는 능력이다. 추상적 개념을 구체적으로 디자인하여 정치하게 디자인하고 실체로 구현해낼 수 있는 종합적 능력이다. 보이지 않는 것에 대한 이미징 능력인 상상력, 그리고 이를 구체적으로 구현해내는 엔지니어링 능력이라는 2가지 역량의 복합 역량이다. 이른바 이미지니어링 imagineering(imagination과 engineering의 합성어) 능력이다. 이미지니어링은 상상업의 세계적 선구 기업 디즈니에서 전통적으로 가장 강조하는 능력이다.

우리의 창조 역량은 '상상력→영감→이해→통합→이행'이라는 다소 복잡한 단계를 거치게 되는데, 흔히 세상의 실용 천재들이 보여주는 능력이다. 탁월한 예술가, 문학가, 애니메이션 작가, 건축가에게서 볼 수 있는 능력이다. 예를 들어 천재 건축가 가우디의 작품인 사그라다 파밀리아 성당이나 구엘 공원 등에 가보면 압도된다. 우선 그 상상력에 압도되고, 유리와 타일 같은 독특한 재료의 활용, 수직·수평이 아닌 사선을 사용하는 기하학적 구도, 기능을 넘어선 예술적 표현, 색다른 시공, 인간과의 교감 등이 모두 어우러져 보는 사람으로 하여금 입을 닫기 어렵게 만든다. 모두가 가우디 같은 사람이 될 수 있다거나 되어야 한다는 말이 아니다. 그가 보여준 능력을 분석하여 그 역량을 배울 수 있을 때까지 배워

자신의 분야에서 발휘한다면 21세기를 돌파할 4.0 경쟁력을 확보
할 수 있다는 말이다.

아키텍처 능력

4.0의 세계는 4차원, 즉 4D의 세계다. 가상 공간에 3D를 앉혀야
한다. 이러한 보이지 않는 생각의 세계, 관념의 세계, 개념의 세계
를 입체적으로 디자인하는 능력이 바로 아키텍처 역량이다. 회화
와 건축의 차이는 무엇일까? 회화는 3D와 4D의 세계를 2D로 전
환하여 시각화하는 예술이다. 파블로 피카소는 이에 대한 불만으
로 2D라는 회화의 세계를 3D로 옮기려는 시도를 했기에, 조르주
브라크와 함께 입체파라는 하나의 사조를 일구어냈다. 이를테면
우리는 피카소 2.0의 세계를 열어야 한다. 4D의 세계를 3D로 옮
겨놓아야 한다.

우리는 확실한 3D 사고와 3D 능력을 갖추어야 한다. 평면적
사고로는 어렵다. 입체적 사고를 해야 한다. 단순한 사고 수준으로
끝내서는 안 되고, 3D로 표현하고 설계할 수 있어야 한다. 점으로
도 디자인할 수 있고, 선으로도 디자인할 수 있고, 면으로도 디자인
을 할 수 있다. 지금까지 우리는 면으로 디자인했다. 이 점에서 3D
프린터를 상상하면 왜 디자인 역량이 다시금 한 차원 업그레이드
되어야 하는지 실감할 수 있을 것이다. 기계가 3차원을 구현할 수

있다면 4차원 사고는 인간의 기본이 되어야 한다. 기계에게 밀리지 않기 위해서 말이다. 노력하고 훈련하면 충분히 가능하다. 인간의 잠재력은 무한하니까.

디테일 능력

3.0 역량인 창조적 사고를 지나치게 하다 보면, 21세기는 무엇보다 섬세함과 디테일에서 승부가 나는 때가 많다. 3.0 사고의 한계는 지나치게 인문학적이고 개념적인 상상력이나 영감을 과도하게 중시하는 과정에서 초기 붐을 일으키다가 성공적으로 안착하지 못하는 초기 모델에서 많이 볼 수 있다. 4.0 시대는 3.0 시대를 능가하는 것이다. 패러다임 시프트라는 측면도 있지만 누적 또는 축적의 패러다임도 있다는 사실을 결코 간과해서는 안 된다.

꼭 그런 것은 아니지만 상상력이나 창조력이 인문학적 소양이나 감각이 탁월한 사람들에게 보이는 능력이라면, 엔지니어링 능력은 이를 구현하기 위해 필요한 고도의 과학적·공학적 실행 능력으로 이공계 출신에게서 볼 수 있는 역량이라 할 수 있다. 예를 들어 우주항공 분야에서 화성 이주 사업을 추진하려면 우주 세계나 행성을 향한 호기심, 상상력, 그곳에 가고 싶다는 열망 등과 함께 어마어마한 과학 지식과 공학적으로 치밀한 계산, 그리고 각종의 초첨단 기술이 필요하지 않은가?

4.0 비즈니스는 우리 인류가 가진 축적된 인문적 지식과 이공계 과학기술이 총동원되어 펼쳐가는 초탈무극의 비즈니스 세계다. 웨어러블 기계나 AR / VR, 게놈 프로젝트나 뇌과학, 가상현실의 첨단 영화 산업에 이르기까지 초일류 세계에서는 어느 하나도 놓쳐서는 안 된다. 따라서 고도의 엔지니어링 능력이 요구된다. 인문 분야에서의 이공계적 엔지니어링 감각과 기술에 대해 적극적으로 학습해나가야 할 것이다.

새 술은 새 부대에

기업의 미래 경쟁력은 결국 인재 경쟁력이다. 그렇다면 관건은 다가오는 4.0 시대에 앞서 말한 9가지 조건을 갖춘 미래 인재를 어떻게 확보할 것인가 하는 것이다. 결코 쉽지 않은 과제이므로 전쟁이란 표현이 오히려 적합할지 모른다. 2가지 방법이 있다. 하나는 이러한 인재를 적극적으로 발굴하는 것이다. 만일 글로벌 기업이라면 해외에서라도 인재를 확보해야 한다.

다른 하나는 내부적으로 양성하는 것이다. 물론 시간이 걸리겠지만 결코 포기할 수 없다. 새로운 일을 옛날 방식의 연장으로 할 수는 없기 때문이다. 따라서 앞서 말한 역량을 가진 인재를 키워나가는 노력이 필요하다. 사실 이러한 인재는 지금 회사 안에서 찾아봐도 많이 있을 것이다. 이른바 숨은 인재다. 9가지 조건은 특별한 능력이라기보다 그동안 우리가 무시해왔던 성향이자 역량이기 때문이다.

실제로 지금까지 기업에서 선호했던 인재상은 성실하고 말 잘 듣고 시키는 대로 일 잘하는 인력이었다. 그런 인력이 선호되고 승진의 우선권을 부여받았다. 말로는 인성 좋은 전문적·창의적 인재를 선호한다고 하면서도 실제로는 그러지 못한 것이 사실이다. 예컨대 올바른 성품보다는 직원을 다그쳐 성과만 많이 내는 인력, 전문성보다는 근면성이 강한 인력, 창의성보다는 즉시 실행하는 복종형 인력, 질문보다는 대답, 도전보다는 순응, 입체적 사고보다는 맹목적 단순 사고, 치밀한 설계 능력보다는 대충대충 치고 나가는 스피드형 인력을 선호해왔다. 과거에, 아니 지금까지 우리가 추구해온 압축 성장 모델을 실현하는 데 필요한 인재를 선호해왔기 때문이다. 물론 오늘의 기업을 일군 현재의 인재를 매도하거나 손가락질해서는 안 된다. 다만 인재는 시대에 따라 변하는 것이 사실이다. 미래 사회가 필요로 하는 인재는 이제 새롭게 발굴되어야 한다. 물론 여기에는 기존 인력의 변신도 포함되어야 한다. 원래 똑똑한 인재는 변신에도 능하다. 인재 활용의 최고 수준은 인재를 시대에 맞게 변화시켜 오래오래 역할을 하게 하는 것이다.

이런 의미에서 다른 시장이나 기업에서의 스카우트나, 핵심 인재 채용이라는 명목으로 많은 비용을 들여 영입하는 방식은 최소화할 것을 권한다. 내부적 인재 육성이나 인재 발굴을 통해, 더 나아가서는 기업 문화의 변화를 통해 인재상을 시프트하여 전체 임직원이 미래상 쪽으로 변해가는 노력이 가장 바람직하다고 본다. 다소 시간이 걸리겠지만 정공법이다. 노력하는 자와 저항하는 자 모두를 안고 갈 수는 없겠지만, 노력하는 자는 시간이 다소 걸리더라도 변신의 기회를 주어 육성하는 것이 바람직하다. 얼핏 생각하면 소수의 엘리트나 리더 계층이 조직을 움직이는 것 같지만, 경영 활동은 사실 현장에서 승부가 난다.

요즘처럼 고객의 눈이 무섭고 디테일이 중시되며 섬세한 배려를 기대하는 시대 정서에서는 온 임직원이 한 방향으로 움직이는 기업이 경쟁력 있는 기업이다. 소수가 잘하기는 쉬우나 전체가 다 잘하기는 어렵다. 인재 4.0의 시대, 기업은 어떤 인재상을 그려나가며 직원을 리드할 것인가? 사실 직원은 회사, 조직, 상사의 가이드대로 움직인다. 기업에 인재가 없다고 푸념하는 경영자가 있다면, 그 원인은 바로 자신에게 있음을 깨달아야 할 것이다.

맥락형 인재가
미래를 바꾼다

4차 산업혁명 이후 우리의 미래는 어떻게 될 것인가? 아마 그 대답은 오로지 인간의 본성에 달려 있을 것이다. 인간을 닮은 기계의 운명은 결국 우리 인간의 미래적 선택에 달려 있다. 만일 인간이 기계보다 더 성숙하고 발전하고 우수해진다면, 인간은 변함없이 스스로 만든 기계를 도구로 활용하며 지구의 주인으로서 세상을 정복하고 다스려나갈 수 있을 것이다.

반대로 인간이 스스로 만든 기계보다 열위에 서는 날이면, 마치 자기가 만든 날카로운 칼의 힘에 못 이겨 자기 목이 달아나는 불행한 일을 경험하게 될 것이다. 우리 모두 의식을 가지고 미래의 결과를 주목해 지켜보자. 아니 그보다는, 인류 모두에게 그러한 비극이 닥쳐오지 않도록 각자가 맡은 분야에서 꼭 필요한 일들을 해야만 한다.

역사적으로 인간은 늘 자기 세대가 가장 변화가 심한 세상에서 살고 있다고 느끼며 살아왔다. 그러한 세대적 가치관을 바탕으로 새로운 세상과 새로운 세대를 재단하곤 했다. 오죽하면 고대 이집트 벽화에서도 요즘 아이들은 싹수가 없다고 했을까? 원시 사회에서조차 세대 간 가치관의 차이를 크게 느낄 정도로 삶의 변화 속도가 빠르다고 생각했다는 말일 것이다.

21세기를 살아가는 우리야말로 기구한 팔자의 소유자다. 태어나서 죽을 때까지 농업, 산업, 정보화, AI까지 인류 문명의 4세대를 모두 경험할 테니 말이다. 게다가 기대 수명이 100세를 바라보고 있으니 정말 볼 것, 못 볼 것을 다 보고 가는 세대가 될 것이다. 그러나 반대로 생각하면 인류를 통틀어 가장 행운의 세대이기도 하다. 우리 세대는 크로노스적으로도 길게 살지만, 카이로스적으로도 정말 길게 살다 가는 인류 종이 되고 있다.

지금은 정말 깊이 생각하면서 살아야 할 때다. 일상에 매몰되어 바쁘다는 핑계로 무관심한 채 이러한 문제에 대해 판단을 소홀히 한다면, 그 어느 때보다 오랫동안 불행한 인생을 살다 가는 세대가 될 수 있다.

스마트 씽킹

현대는 스마트 시대다. 초고성능 컴퓨터를 하나씩 손에 들고 전 세계를 여행하면서 세상의 온갖 맛있는 음식을 먹을 수 있는 가능성과 기회가 생겼다. 디지털과 글로벌 문명이 우리에게 준 선물이다. 반면 우리의 생각하는 능력은 더 떨어지고 있다. 아이러니는 기계가 발전하면 할수록, AI가 충실하게 우리의 시녀 노릇을 확실히 하면 할수록 우리 인간은 점점 더 멍청해진다는 것이다.

스마트의 저주라고나 할까? 'smart'라는 말은 본래 인간에게 사용하는 단어였다. 그러나 이 말이 인간을 닮은 기계에게 사용되기 시작하면서 인간의 스마트함은 기계로 다운로드가 된 듯하다. '복제'가 아닌 '이전'이 된 셈이다.

기계가 스마트해질수록 인간은 더욱 멍청해진다. 기계는 우리에게 혜택을 주지만, 그로 인해 우리는 점점 더 열등해지고 멍청해지는 경향이 있다. 우리의 생각하는 기능을 기계에 의존하기 때문이다. 내비게이션이 없으면 길을 찾기 어렵고, 스마트폰이 없으면 직장 동료나 친구의 전화번호를 기억 못 할뿐더러 자기 집 전화번호조차 가물가물하다. 이렇게 가다가는 자기 이름조차 휴대전화에서 찾아야 할 날이 올지도 모르겠다.

늘 폭넓게 기억하고 깊이 생각하며 살아야 한다. 관찰하고, 사색하고, 분석하고, 고민하고 살아야 한다. 이것이 인간 고유의 기능이자 인간다움이며 인간의 기본적 존재 가치이기도 하다. 생각이

2% 부족하면 인생이 20% 부족해진다. 20% 정도 부족한 수준이면 구조 조정 대상이다. 역사적 희생물의 충분조건이다. 어릴 적만해도 자기가 소망한 분야에서 세상을 구하는 구원자가 되기를 기대했는데, 늙어서는 결국 문명의 희생양이 되는 것이다 .

끝까지 생각하는 습관을 기르자. 늘 고민하는 훈련을 하자. 그렇지 않으면 가속화하는 기계 문명 속에서 인간이 설 곳은 없다. 아무리 노력해도 '암기', '복제', '카피', '표준화'는 답이 아니다. 남과 다른 생각을 해야 살 수 있다. 남과 다른 길을 가야 미래가 있다. 남과 다른 삶을 살아야 존재 이유가 있다. 남과 다른 인생이어야 사회에서 편집되지 않는다.

조금 생각하다 포기하면 안 된다. 끝까지 생각하자. 다르게 생각하는 사람이 이긴다. 24시간 우리의 사유 체계를 가동시키자. 심지어는 잘 때도 생각하자. 자신의 뇌에게 명령을 내리자. 아니, 정중하게 부탁을 하자. 그러면 당신의 일부인 건강한 뇌가 당신이 잠들어 있을 때조차 충직하게도 당신을 대신해 생각을 계속한 끝에 이른 아침 일어나자마자, 또는 샤워를 할 때, 또는 출근길에, 또는 아침 회의 중에라도 반드시 멋진 아이디어로, 통찰과 영감으로 보답할 것이다. 뇌의 입장에서도 이렇듯 신뢰하는 주인을 배반하면 좋을 게 뭐 있겠는가? 당신이 소유한 몸 가운데 가장 스마트한 것은 당신의 머리이기 때문이다. 따라서 당신이 당신의 존재감을 확립하고 당신을 지켜줄 최후의 보호자 또한 당신의 뇌인 것이다.

맥락형 인간이 되자

스티브 잡스는 짧은 인생을 살다 갔다. 그러나 잡스는 남보다 앞서 다가오는 세상의 맥을 짚고 흐름을 읽었으며, 자기 인생의 점과 점을 연결해 선을 만들고 면을 만들고 환경을 만들고 생태를 만들고 마침내 자신만의 거대한 세상을 만들어놓고 떠났다.

학력도, 가문도, 성격도, 스타일도 결코 자랑할 만한 것이 없는 그가 위대한 인생을 살다 간 이유는 다른 사람들과 다르게 생각했기 때문이다. 잡스의 위대함은 그의 생각 그 자체가 아니라 그만의 생각하는 방식이었다. "다르게 생각하라Think different." 그가 갈망했던 삶은 지금까지와 다른 세상을 만드는 것이었다. 그 일을 위해 자신은 우주에 한 점 흔적을 남기는 존재가 되기를 선택하고 그렇게 살다 갔다.

현대인은 어떤 면에서 모두 잡스의 제자이고 잡스의 철학과 사상의 추종자라 할 수 있다. 만일 그의 생각이 틀리다고 믿었더라면 아이폰이나 애플 컴퓨터를 쓰지 않을 테니 말이다. 그들은 모두 '다르게 생각했던 사람들'이다. 그들은 남보다 깊이 생각했다. 그래서 그들은 다른 사람들과 다르게 생각한 사람들이었다.

세상을 바꾼 맥락형 인재들. 우리는 흔히 그들을 '천재'라고 부른다. 그러나 그들은 결코 IQ가 높은 사람이 아니었다. 어떤 사람은 EQ(감성지수)가, 어떤 사람은 SQ(사회성지수)가, 어떤 사람은 MQ(도덕지수)가 높은 천재였다. 그러나 그들에게는 세상의 흐름을 알고 자기 할 일을 아는 맥락형 인재라는 공통점이 있었다.

맥락형 인재란 어떤 유형의 사람들인가? 맥락형 인재란 사물을 개별 정보나 지식으로 이해하지 않고 다른 사물이나 사건과의 연관성 속에서 그 흐름이나 움직임의 핵심을 파악함으로써 분석하고 대응 및 행동하는 유형의 인재를 말한다. 이해를 돕기 위해 좀 더 쉽게 예를 들자면, 일반인은 나무를 볼 때 숲을 보는 사람이다. 맥락형 인재는 나무의 한 부분에 집중하는 보통 사람과 달리 나무의 뿌리, 줄기, 가지, 잎을 한눈에 파악하는 스타일이다.

이들 맥락형 인재의 특징 몇 가지를 관찰해보면, 우선 그들은 트렌드를 즐겨 읽는다. 다른 사람들이 어떤 특정 사안에 관심을 갖거나 디테일에 매달릴 때, 그들은 커다란 흐름을 본다. 단순히 거시적 관점이라고 말하기에는 다소 부족하다. 그들은 필요에 따라 거시와 미시를 자유롭게 항해한다. 굳이 말하자면 '자동 줌인과 자동 줌아웃의 다초점 인간'이라고 해야 할까?

그들은 횡단적 사고를 한다. 보통 사람들이 종적 인과관계에 집착할 때, 그들은 횡적 연관성을 찾으려 노력한다. 그들은 수직적 사고를 하는 일반인과는 반대로 수평적 사고를 한다. 사고의 결이 다르다. 그래서 종종 그들은 패러다임 시프터이다.

그들의 생각은 열려 있다. 그들은 외부 세계와 자유롭게 소통한다. 어떤 정보나 선입견 또는 편견 없이 있는 그대로 판단하고 취사선택한다. 그들은 항상 스스로를 누구에게나 오픈한다. 그래서 상대방이 편안해하고, 그러기에 쉽게 가까워지고 친해지며, 친해지면 모든 것을 다 준다. 얼핏 보면 순진하게(나이브하게) 보이지만 결과적으로는 약은(스마트한) 사람들이다.

그들은 이질의 정보를 융합한다. 그래서 그들이 즐겨 하는 사고방식을 융합적 사고라고 말한다. 그들은 한마디로 '합슴'에 능하다. 종합, 집합, 조합, 결합, 연합, 복합, 융합, 혼합, 화합, 접합을 능수능란하게 해낸다. 선천적 사고 유형자도 있겠지만, 보통은 엄청난 자기 훈련을 통해 이룩한 노력의 산물이라고 보아야 한다. 그들중 대다수는 엄청난 분량의 메모를 한다. 그들은 대개 노트에 능하다. 그들의 기록 유산을 보면, 그들만의 생각을 담아내는 방식에 피나는 노력이 있었음을 알 수 있다.

그들은 텍스트text를 넘어 컨텍스트context를 읽으려 노력하는 사람들이다. 흔히 "행간을 읽는다Read between the lines"라고 표현하는데, 이들 맥락형 인재는 문장으로 표현되지 않은 저자의 의도를 읽어내는 데 익숙하고 또한 정확히 읽어내려고 남다른 노력을 하는 사람들이다. 그래서 그들이 생각하고 말하고 행동하는 것을 관찰하면, 그들이 가진 특별한 인사이트를 얻을 수가 있다.

잡스는 그 유명한 스탠퍼드 대학 졸업식 축하 연설에서 크게 3가지 주제를 이야기했는데, 첫 번째가 바로 '점을 연결하라!'였다. '인생에 있어 모든 것은 연결되어 있으며, 지금은 내가 하는 일의 의미를 온전히 알 수 없지만 시간이 지나 미래 시점에서 바라보면 과거의 모든 것이 연결되어 있었음을 알게 된다'는 것이 그가 자신의 인생 경험을 통해 깨달은 통찰이요 지혜였다.

긴 인생에서 발생한 독립적 사건들을 연결해 마치 고구마 줄기처럼 하나의 연관적 메시지로 이해하고 해석하는 힘, 이것이 바로 맥락적 사고다. 그런 의미에서 잡스는 분명 맥락형 인재였다.

맥락형 인재로 가는 길

시대가 요구하는 맥락형 인재로 가는 몇 가지 아이디어를 제시하며 이 장을 마무리하고자 한다. 우선 지식 사냥꾼이 되어야 한다. 맥락형 인재는 왕성한 호기심으로 모든 사물에 관심을 갖고 대한다. 그들은 24시간 지식 사냥을 한다. 그들은 왕성한 지식 채집가다. 현대적 용어로 표현하자면 그들은 지식 쇼핑을 즐겨한다. 그들은 한마디로 지식 유목민이다. 그들은 머리로, 몸으로, 말로 지식의 세계를 유람하고 지식의 바다를 유영한다. 그들은 매일매일 지식을 축적하고 저장한다.

그들은 자기만의 지식 창고를 가지고 있다. 머릿속이든, 노트나 메모장이든, 사이버 공간의 저장고든 어디엔가 자신이 습득한 지식을 체계적으로 저장한다. 그들은 자신만의 지식의 우주 universe of knowledge가 있다. 그곳에 각종 지식의 자전과 공전이 일어나며, 지식의 자기 복제, 지식의 충돌, 지식의 융·복합이 일어난다. 그들의 지식 세계는 마치 우주 공간처럼 계속해서 확장된다.

그들은 필요에 따라 지식을 요리한다. 그런 의미에서 그들은 지식 요리사다. 그들의 지식 요리 방식은 '점을 연결하는' 방식이다. 개별 지식의 점과 점을 연결해 선을 만들고, 선과 선을 연결해 지식의 지각을 만들고 면과 면을 연결해 지식의 공간을 만들어 자기만의 지식 세계를 구축한다. 여기에 자신의 상상력과 가설, 그리고 시뮬레이션을 통해 지식을 가상 공간으로 무한하게 펼쳐간다.

그래서 그들을 만나면 그들이 펼치는 지식 세계에 매료되어 자신도 모르게 빠져들 수밖에 없다. 자신은 도저히 생각할 수 없을 것 같은 이야기를 멋지게 펼쳐 보이기 때문이다. 그들은 우리가 보통 만나게 되는 일상의 지식 전문가와 다르다. 물론 지식 전문가는 매우 훌륭한 사람들이다. 특정 지식에 수십 년을 바쳐 자신만의 체계를 세우고 내용을 정리하여, 고급스런 지식의 세계로 우리를 안내하기 때문이다.

그러나 지식 전문가와 맥락형 인재는 서로 추구하는 방식이 다르고 관심도 다르다. 비유하건대 지식에 접근하는 방식에서 일반 전문가는 수직 및 수평 이동을 하면서 정사각형이나 정육면체를 만드는 데 주력한다면, 맥락형 인재는 이를 넘어 대각선, 마름모꼴, 사다리꼴, 찌그러진 냄비의 형체를 파악하는 데 더 관심을 보인다. 맥락형 인재는 기본적으로 다른 사람이 보지 못하는 것을 보고자 하는 데 더욱 관심이 많다. 그래서 그들은 다르다. 더 나은 사람으로 분류되는 것이 아니라 다른 사람으로 분류되는 것이다.

21세기 4차 산업혁명 시대, 제4의 시대는 변혁의 시대다. 속수무책의 대전환기다. 변화의 속도가 빠르고, 변화가 수시로 발생하여 그 빈도가 더욱 잦아지며, 변화의 강도와 충격이 무섭고, 변화의 해법이 전례 없는 4중고의 변혁기를 맞이하고 있는 셈이다.

변화가 극심한 시기는 특히 맥락적 지혜가 필요한 시기다. 개별적, 전문적, 부분적 해법은 전체를 해결하지 못한다. 부분 최적의 지식보다는 전체 최적의 지혜가 요구되는 시기다. 이러한 문명사적 변혁기 또는 전환기에는 맥락형 인재의 활약이 기대된다. 그다음 단계로 문명이 진정되고, 사회가 안정되고, 세상이 조용해지면 그때 또다시 각 분야의 전문가가 활약하는 시대가 올 것이다. 그러나 시대적 패러다임이 전환되는 4.0 시대에는 일반 전문가가 아닌 맥락형 인재가 세상을 바꾼다.

우리 모두 맥락형 인재가 되자. 스스로 맥락형 인재가 될 자신이 없다면 가정에서, 조직에서, 사회에서 맥락형 인재를 키우기라도 하자. 맥락형 인재가 열심히 일할 때 그들을 적극적으로 도와주자. 열심히 격려하자. 상대가 기운과 에너지를 느낄 수 있도록 어깨를 힘껏 두드려주자. 그 길만이 우리 모두가 살길이다.

익숙한 것들을
과감히 버리는 법

실존 철학자 키르케고르는 우리 인간을 '신 앞에 선 단독자'로 묘사
했다. 앞서 문명을 논하고, 국가를 논하고, 기업을 논했지만 마지막
에 가서는 모든 것이 결국 나 자신의 문제로 귀결된다. 이 세상의
모든 문제는 나로 시작하여 나로 끝난다는 생각과 각오로 심각하
게 대면해야 해법을 마주할 수 있을 것이다.

조병화 시인의 〈천적〉이라는 시가 있다.

결국, 나의 천적은 바로 나였던 거다.

자기 혁신만이 답이다. 오직 그 길밖에 없다. 혁신은 매일 변하

는 것이다. 그래서 혁신은 아프고, 고달프고, 어렵고, 피곤한 일이다. 개혁하고 혁명을 치르는 일은 모든 것이 뒤집어지는 일이기에 구토의 경험만큼 곤혹스럽다! 혁신을 하다 보면 하늘이 빙글빙글 돈다.

정상적인 국가의 지도자, 기업의 경영자, 조직의 책임자라면 어떻게 자기 조직을 변혁시키고 새롭게 해서 초일류의 반열에 올려놓을 수 있을까를 생각하는 데 자신의 24시간을 모두 바칠 것이다. 답은 나부터 변하는 것이다. 조직을 변하게 하려면 나부터 변화를 시작할 수밖에 없다. 물론 자기만 변한다고 되는 일은 아니다. 그러나 자신이 변하지 않고 궁극적으로 조직을 변화시킬 수는 없다. 물론 일시적으로는 가능할지 모른다. 여러 경영 기법이나 혁신 기법을 동원해 추진하면 상당한 성과를 거둘 수 있다. 이류는 가능하다. 일류 수준까지도 아주 드물지만 가끔 성공하는 사례를 보았다. 그러나 초일류는 안 된다. 아무리 사례를 떠올려보아도 그런 경우는 없었다.

초일류는 거대한 파도 앞에 단독자로 서는 일과 같다. 참으로 무기력해 보이는 한 사람의 존재가 굳은 의지로 자신의 마음과 몸을 날려 죽기를 각오하고 달려들 때 하늘도 움직일 만한 초인적 힘을 발휘할 수 있음을 우리는 역사적 사례를 통해 어렵지 않게 접할 수 있다. 우리는 지금 거대 담론을 나누고 있다. 인류의 문명사적 변화 앞에서, 다가오는 네 번째 파도 앞에서, 미래를 창조하고 길을 만드는, 위험하지만 보람된 일을 하기 위해 이른바 초일류를 향한 도전의 닻을 내리고자 이렇게 생각을 모으고 있지 않은가?

그러므로 변해야 한다. 도전해야 한다. 변신은 인간에게 주어진 인생의 끝없는 여정이다. 그리고 그 변신의 주체는 나 자신이고, 변신의 1차 대상도 바로 나 자신이다. 나 스스로의 변신 과정을 생략하면 조직의 변신 또한 실패한다. 우리는 경험을 통해 잘 알고 있다. 변화는 나로부터 출발해야 한다.

자기 혁신이 답이다

비유를 통해 생각해보자. 자기 혁신이 답이라는 결론까지 이른 사람들은, 이집트를 떠나 이미 홍해 앞까지 이르러 거대한 바다 앞에 서 있는 히브리인과 같다. 바다를 건너야 한다는 절박함에 부딪혔지만 흉용하는 파도를 바라보며 어떻게 건너야 할지 방법을 알지 못할 수 있다. 이와 관련하여 많은 책에서는 자신과 자신의 조직 혁신을 위한 가이드와 방법을 제시하고 있다. 예를 들면 "변화는 쉬운 것부터 하라, 작은 것부터 시작하라, 미루지 말고 지금 당장 시작하라." 같은 것이다.

자기 변화는 이렇게 시작하면 좋을 것이다. 그런데 여기서 말하는 변화는 일생일대의 변화이니 가히 '혁명적 변신'이라는 표현에 걸맞은 대담한 변신이다. 이러한 변신은 인생에 한 번 또는 두 번, 많아야 세 번 정도 할 만큼의 '빅 무브big move'이다. 회사로 말하자면 그 회사의 수명 주기 중 단 한 번, 많아야 두 번 있을 법한 크기의 대대적 혁신 작업이다. 기업으로 보자면 이러한 자기 혁신을 한 번도 못 하고 사라지는 경우가 90%는 족히 넘을 테니까 말이다. 이러한 개인 및 조직 차원의 혁신을 성공시키려면 필사의 각오를 해야 한다. 아울러 방법론도 신중하게 연구하면서 스스로에 맞게 적용해야 성공을 담보할 수 있다.

자기 혁신에서 가장 중요한 것은 '어떻게 스스로를 바꿀 것인가'이다. 자기 변화에는 순서가 있다. 지금부터는 '변화의 5막극'이라 불리는 자기 혁신 모델을 중심으로 그 세부 단계를 구체적으로 소개하고자 한다.

자기 혁신은 5단계를 거쳐 이루어진다. 구체적으로 설명하자면 다음과 같은 순서로 이어진다. ① 다가오는 환경 변화의 핵심을 읽는다. ② 자신의 미션을 새롭게 설정한다. ③ 기존의 자기 생각을 바꾼다. ④ 미래에 필요한 핵심 역량을 새롭게 정의한다. ⑤ 지속적 학습을 통해 역량을 키운다.

다가오는 환경 변화의 핵심을 읽는다

자기 혁신의 첫 번째 단계는 다가오는 환경 변화의 핵심을 읽는 것이다. 지금까지 우리는 세상의 변화에 대해 자세히 살펴봤다. 이 책의 중심 내용이므로 충분히 이해했을 것이다. 요컨대 지금 우리가 직면한 환경 변화의 본질은, 거칠게 다가오는 네 번째 파도의 중심에 4차 산업혁명이 있으며 그 4차 산업혁명과 함께 미래 산업의 틀이 바뀌고, 기업 경영과 혁신이 바뀌고, 결국 조직 구조와 내부 질서가 바뀌고, 최종적으로는 인재상과 교육 방식이 바뀌게 된다는 것이다.

그렇다면 이 단계에서 무엇을 짚어야 할 것인가? 앞서 말한 메가 트렌드를 자신의 분야와 관련하여 구체적으로 정리해나가는 노력이 필요하다. 이러한 문명사적 변화가 특별히 어떻게 전개될 것인지에 대해 자신의 업종, 회사, 직무와 관련하여 보다 정밀하게 조사하고 연구 및 분석하여 보다 구체적이고 정확한 정보와 지식을 확보해야 한다.

일반적으로 다가오는 변화의 파도는 메가 트렌드, 매크로 트렌드, 마이크로 트렌드의 3단계로 몰려온다. 따라서 메가 트렌드를 제대로 읽어냈다 하더라도 매크로 트렌드와 마이크로 트렌드는 별도로 체계적으로 분석해 정리해야 한다. 정리 방법은 다음과 같다. 먼저 공간적으로 세계·국가·기업으로 구분하고, 시간의 흐름에 따라 장기·중기·단기로 구분한다. 다음으로 거시적 변화와 미시적 변화를 구분하고, 본질적 변화와 비본질적 변화를 구분하고, 마지막으로 기회 항목과 위협 항목을 분석해야 한다. 참고로 21세기 변화의 특징은 잘 알다시피 변화의 방향이 어디로 튈지 모르는 럭비공 같고, 변화의 속도는 더욱 가속화되며, 변화의 충격은 토네이도 같이 잘못 걸리면 모두 쓸어 가버리는 것이니 미리미리 철저한 준비를 통해 극복하는 수밖에 없다.

세상의 변화를 정확히 읽어내려면, 주변의 기존 정보 및 지식

해당 분야의 전문적 견해와 기업 같은 조직 내의 준비와 대응을 충분히 참고하면서도 자신만의 정리된 시각으로 변화를 읽어내는 힘이 매우 중요하다. 이때 필요한 것이 사물을 바라보는 4가지 눈, 즉 시력, 시야, 시각, 시선이다. 때로는 자세히, 때로는 폭넓게, 때로는 다르게, 때로는 똑바로 바라봄으로써 전체의 맥락을 읽어내는 훈련을 계속할 때 다른 사람들에게는 보이지 않는 것이 보이기 시작한다.

자신의 미션을 새롭게 설정한다

두 번째는 끊임없이 변하는 환경에서 자신이 궁극적으로 추구하고자 하는 목적과 사명을 분석하여 새롭게 정립하는 단계다.

미션이란 내가 태어난 이 땅에서 또는 조직에서 꼭 하지 않으면 안 되는 일을 말한다. 물론 그러한 사명을 가지고 살아가는 사람도 있지만, 사명을 생각해본 적 없는 사람도 꽤 있을 것이다. 중요한 것은 이 세상에서 자기 삶의 좌표를 가지고 살아갈 때 인생의 성공 확률과 삶의 의미나 가치를 극대화하고 보다 행복한 삶을 살수 있다는 점이다. 표현은 삶의 목적purpose이든 사명mission이든 비전vision이든 목표goal든 크게 중요하지 않다. 자신이 인생을 통해 도달하고 싶은 도착지의 성격을 띤 그 무엇이면 된다.

2막의 핵심은 1막처럼 세상이 급격히 달라지는 환경에서 기존의 사명 또는 업의 개념 또는 자신의 임무와 역할이 어떻게 달라져야 하는지를 확실히 점검하는 것이다. 이런 경우는 대부분 사명의 전환, 변경, 수정, 재정립이 반드시 수반되게 마련이다. 급격한 환경 변화는 필연적으로 전략적 좌표 이동을 요구한다. 즉 사명이 바뀌게 되는 것이다. 사명은 참으로 중요하다. 변하는 세상에서 흔들리지 않는 좌표를 제공하기 때문이다. 거친 파도와 풍랑 속의 등대, 깊은 밤 산속을 헤맬 때의 북극성, 또는 인생의 멀미가 생겨 삶이 흔들릴 때 바로잡아 주는 다림줄이나 모든 의사 결정의 중심축이 된다.

만일 자신이 확고한 사명을 가지고 일을 하며 살아가고 있다면, 그 사명이 새로운 변화의 물결 속에서도 여전히 유효하고 의미 있으며 괜찮은지 한번 꼭 점검해야 한다. 예를 들어 미래를 꿈꾸는 청년이라면 자신이 가고자 하는 직업이나 전문 분야가 인공지능 시대에도 지속적으로 전망 있는 분야인지 반드시 짚어 세심히 살펴보아야 한다. 한편 현재 직업을 가지고 열심히 일하고 있는 사람도 자신의 직무나 사업, 또는 회사가 네 번째 파도의 격랑을 헤쳐 나갈 수 있을지를 꼼꼼히 챙겨 보아야 한다.

필요하다면 과감히 궤도 수정 계획을 수립하고 중장기 또는 단기 계획을 세워 단계적으로 과감한 변신을 시도해야 한다. 구체적으로는 자신이 원하는 전공이나 직업 또는 최종적인 직장을 옮겨야 할 상황이 생길지도 모른다. 심지어 자신의 진로를 180도 전환해야 할 상황이 닥쳐올 수도 있다. 세상이 뒤집어지면 모두가 뒤집어지는 것이 당연하지 않겠는가?

기존의 자기 생각을 바꾼다

3막은 2막에서 설정한 사명을 달성하기 위해 기존 생각이나 관념의 틀을 철저히 벗어나는 단계다.

목표와 비전, 사명을 수정했다면 제일 먼저 해야 할 일이 생각의 탈출이다. 인식의 전환, 사고의 전환, 관점의 전환을 이루어야한다. 개인 차원의 패러다임 시프트인 것이다. 세상이 변하면 자신의 모든 것을 바꾸어야 하는데, 그 출발점이 바로 지금까지 가지고있었던 자신의 생각이다. 현재의 생각은 지금까지의 목표와 미션달성에 최적화된 생각임에 틀림없다. 그러나 좌표가 바뀌면 당연히 탐지 시스템이 바뀌어야 한다. 새로운 목표는 반드시 새로운 생각을 필요로 한다. 기존 사고방식으로는 새로운 목표를 이루어낼수 없다.

설령 목표와 사명에서 이전과 큰 변화가 없다 하더라도 세상의패러다임이 바뀌면 나 자신의 패러다임도 바꾸어야 한다. 생각의전환은 발상의 전환이자 신호 장치의 모드 전환이며, 변화와 변신의 시작이다. 생각은 모든 변화의 출발점이다. 생각이 변해야 언어가 변하고, 행동이 변하고, 습관이 변하여 삶이 변한다.

그런데 문제는 자기 생각이 좀처럼 바뀌지 않는다는 점이다. 고정관념 타파라는 말을 엄청나게 하면서도 스스로 그 관념에서 탈출하기가 어렵다. 그래서 변신의 실패는 대개 생각 모드 전환의실패에서 기인하기 쉽다. 특히 나이가 들수록, 직급과 학력이 높을수록, 전문 지식이 많을수록, 고숙련 기술자일수록, 업계 경험이 풍부할수록, 성공 경험이 많을수록 생각을 바꾸는 것이 더욱 어려워진다. 기득권자일수록 생각의 전환이 어렵다. 한마디로 기존 패러다임에 최적화되어 있기 때문이다. 과거의 혁심 역량이 오히려 미래의 핵심 경직성이 되는 것과 같다. 어제의 성공이 내일의 실패의 씨앗을 뿌리고 있다고나 할까.

따라서 생각의 변화는 혁명보다 더 큰 각오를 필요로 한다. 대부분 변신의 실패는 생각의 실패에서 기인하는 경우가 많다. 생각을 바꾸자. 처절한 노력을 하자. 뼈를 깎는 고통을 감내하자. 이를 위한 방법을 제시해보고자 한다. 하나는 커다란 실패를 맛보는 것이다. 마치 인생에서 사고를 당하듯 말이다. 성경에서는 이를 '강도 만난 사람'에 비유하는데, 인생에서 큰 강도를 만나야 비로소 바뀔 수 있다. 그러나 이러한 방법은 그 희생이 너무 크기 때문에 자발적으로는 누구도 원치 않는다. 이 또한 운이 닿아야 하며, 실패를 통해 위기가 기회로 변하는 셈이다.

다른 하나는 우연한 경우에 만나게 되는 특별 연수나 특이한 교육, 아주 이색적·이질적 경험을 통해 뜻밖에 크게 깨닫는 방식이다. 원효가 의상과 함께 유학길에 나섰다가 한 토굴에서 해골에 고인 물을 마신 후 얻은 깨달음 같은 것이다. 우연함의 선물이다. 이를 위해서는 멀리 여행을 떠나거나, 산속 깊은 곳의 기도원에 가거나, 한적한 곳에서 템플 스테이를 하거나, 그것도 안 되면 특별히 자신만의 고독한 시간을 만들어 철저한 고정관념 분쇄 작업을 단행해야 한다. 개인적으로는 25년 전 한 해 동안의 매우 특별한 미국 연수 생활을 통해 엄청난 자기 혁신의 계기를 맞이한 경험이 있다. 3막의 목표는 스스로 세상이 이전과 다르게 보이는 경험을 하는 것이며, 다른 사람들로부터 완전히 달라졌다는 피드백을 받는 경험을 하는 것이다. 한마디로 세상이 다르게 보여야 한다. 세상을 다르게 해석하는 능력이 생기면 사명과 목표가 달라지는 것을 자연스레 경험하게 된다.

미래에 필요한 핵심 역량을 새롭게 정의한다

4막은 목표로 하는 사명이나 비전 달성을 위해 자신이 새롭게 갖춰야 할 필요 능력을 파악하는 단계다. 다시 말해 새 시대가 필요로 하는 역량이 무엇인지 확인하여 자신의 핵심 역량을 갈아타는 단계를 의미한다.

사명과 목표만 새롭게 세웠다고 해서 되는 일은 없다. 생각과 마음가짐을 새롭게 했어도, 이는 변화의 시작에 불과할 뿐 결코 끝은 아니다. 아는 게 중요한 것이 아니고 할 수 있는 것이 중요하다. 자기 혁신의 지知·행行·용用·훈訓·평評이 되어야 한다. 새로운 미션, 목표와 비전, 새로운 방향으로 나아가기 위해 필요한 엔진, 동력, 필요 능력, 구체적 지식이나 기술이 무엇인지를 명확히 파악하고 습득하는 단계다.

핵심 역량은 목표를 목적지까지 갈 수 있게 해주는 원동력이다. 무릇 세상일은 그 무엇도 숭고한 뜻만 가지고 할 수 있는 것이 아니고 실행할 힘이 있어야 하기에, 결국 해낼 수 있는 힘을 키워야 한다. 그러려면 먼저 새로운 역량이 무엇인지를 정확히 파악하는 것이 필요하다. 일반적인 미래 역량에 대해서는 앞에서 설명한 '4.0 인재의 9가지 요건'(179~202쪽)을 참고하면 되겠지만, 구체적으로는 자기 분야에서 필요한 특별한 지식과 기술 및 경험 등이 무엇인지를 명확히 파악하여 하루빨리 연마해야 한다. 돈이 필요하면 돈을 쏟고, 시간이 필요하면 시간을 내고, 별도의 연마가 필요하면 개인적 스케줄을 만들어 1년이든 5년이든 10년이든 미리 준비 계획을 수립해야 한다.

물론 미래에 필요한 역량은 지금까지 요구되어온 역량과 사뭇 다르다는 점을 염두에 두어야 한다. 예를 들어 25년 전 당시 시대가 요구한 것은 정보화와 글로벌화 등이었다. 그때 기준으로 볼 때 IT 기술이나 외국어 능력은 결코 1~2년에 될 일이 아니었다. 길게는 10~20년이 걸리는 일이었다. 시간이 오래 걸린다고 포기하면 미래를 포기하는 것이다. 지금도 마찬가지다. 자신이 어떤 분야에 있든 비전과 목표, 사명이 있을 테고 그 사명을 달성하고 비전을 실현하는 데 필요한 능력, 지식, 기술, 경험이 예측될 것이다. 지금부터 조용히 준비하자. 남에게 떠들지 말고 조용히 5~10년 계획을 세워 전략적으로 접근하면 반드시 기회가 오고, 경쟁력이 생기고, 상대적 우위를 점할 수 있다. 모든 것은 끝에 가면 상대적이다. 절대적 기준에 도달하지 못해도 상대적 우위를 점하면 초일류는 몰라도 일류로 사는 데 지장이 없다. 물론 절대적 기준에 도달하면 초일류에 훨씬 더 가까워진다.

지속적 학습을 통해 역량을 키운다

자기 혁신, 즉 자기 변신의 마지막 단계는 시대가 필요로 하는 새로운 학습 방식을 습득하는 것이다. 모든 변화는 결국 학습 방식의 변화가 분수령이 된다. 구세대와 신세대의 구분은 학습 방식의 차이로 양극화된다. 예를 들면 독서법, 질문법, 전통적 방법에서부터 시작하여 각종 디지털 미디어 조작법, 유튜브 활용법 같은 것이다. 독서는 누구나 다 한다. 그런데 같은 책을 읽고 고부가가치 정보를 빼내는 능력은 시대에 따라 크게 달라진다. 예전에는 썼고, 다음에는 치고, 지금은 찍고, 앞으로는 말하게 될 것이다.

새로운 역량을 습득하기 위해 필요한 새로운 첨단 학습 방식을 끊임없이 배워나가야 한다. 이것이 어렵다. 과거의 학습 방식에 너무나 익숙해져 있기 때문이다. 우선 배우기가 싫다. 내적 저항이 심하다. 결국 변신하지 못하고 도태의 길을 가는 것이다. 생각보다 많은 사람들이 이 대목에서 무너진다. 새로운 방법을 배워야 한다는 것은 알지만 오랜 습관으로 예전 방식에 매몰되어 있기 때문이다. 4단계까지 잘 달려오다가 마지막 단계에서 무너지는 것이다. 끝에 가서 귀찮게 느끼거나 절체절명하지 않기 때문이다. 이 단계를 극복해내는 사람들은 10%도 안 된다.

한 가지만 예를 들어보자. 최근에 눈에 띄는 학습 매체가 있는데, 바로 유튜브다. 사실 모든 것이 유튜브에 다 있다. 동영상 학습은 정말 놀랄 만하다. 이 시대 최고의 미디어 콘텐츠 혁명이라 해도 과언이 아니다. 누구나 보기는 다 본다. 그러나 이러한 미디어를 얼마나 전략적으로, 다양하게, 입체적으로, 효과적으로 활용하는가는 천차만별이다. 만일 자신이 유튜브를 활용하는 방법과 내용을 1시간쯤 설명할 수 있다면 1%의 경쟁력을 갖추게 된다. 초일류가 되는 것이다.

그런데 이 모든 것이 습관화되지 않으면 학습 스타일의 전환이 어렵다. 수십 년간 익숙해진 학습 방식을 어찌 바꿀 수 있겠는가?

다른 것으로는 자신의 시간 관리 방식이 있다. 굉장히 중요한 학습 방식이다. 자신의 시간 관리 방식은 태어나서부터 지금까지 몸에 배어 있다. 한 번에 바꾸기가 정말 어렵다. 자기 혁신을 위해 시간 관리의 달인이 되어야 한다. 결국 5막은 기본적 습관에서 시작하여 고도의 습관까지 바꿔나가는 단계다. 변화는 쉬운 것부터, 작은 것부터 해야 하는 이유다. 모두 학습 방식의 혁신을 지적하고 있는 것이다. 새로운 시간 관리법, 각종의 첨단 학습 방식을 체화하고 장착해야 한다. 왜냐하면 새로운 시대에는 새로운 방식으로 살아야 하기 때문이다. 시대가 요구하는 최적화된 방식을 빨리 학습해야 한다. 아니면 자연인으로 살아야 한다.

학습 방식은 자기 변화의 꽃이다. 시대가 필요로 하는 새로운 방식으로의 전환은 필수적이다. 여기서 학습은 삶의 방식의 전환, 환경에 적응하는 과정, 시대가 요구하는 새로운 역량을 습득하는 새로운 방법론을 포괄한다. '무엇what'의 변화도 중요하지만 '어떻게how'의 변화 또한 중요하다. 어쩌면 '어떻게'가 더욱 중요할지 모른다.

익숙한 것들을 과감히 버리는 법

이 같은 변화의 5단계를 거쳐 시대가 필요로 하는 새로운 인재로 거듭나기 위한 변신에 성공해야 한다. '변화의 5막극'은 개인적으로 실천할 수 있는 방법론이지만 조직 변화에도 그대로 적용된다. 조직의 리더, 즉 CEO에서 임원과 간부에 이르기까지 크고 작은 조직을 운영하는 리더는 변화의 5막극을 조직에 그대로 적용할 수 있다. 자신은 변하지 않고 조직에만 적용하는 과오를 막기 위해 자기 변화를 중심으로 설명했을 뿐이다.

5장

인재
패러다임
재구성

시스템을
갈아엎어라

'다가오는 미래에 세상을 뒤집을 인재를 어떻게 키울 것인가' 하는 문제는 모든 국가, 모든 학교, 모든 기업, 모든 사람이 궁금해하는 첫 번째 이슈일 것이다. 인재 양성은 시대를 불문하고 가장 중차대한 문제였다. 인재를 키운다는 것은 국가, 학교, 기업의 철학과 문화 위에 체계적 시스템과 전략적 육성 노력, 그리고 과학적 교육 방법론 등이 어우러져야 하는 어려운 과제다.

기업만 하더라도 인재 양성은 단편적 접근만으로는 좀처럼 성과를 거두기 어렵다. 최고경영자의 철학과 의지, 인재 양성 전문 스태프의 세상과 미래를 읽어내는 깊은 안목과 전략적 육성 시스템, 그리고 임직원 스스로 성장하려는 의지와 노력이 기업 문화로 단단히 뿌리내리고 있을 때만 가능하다. 그렇기 때문에 모든 기업이 인재 양성의 중요성을 강조하지만 실제로 인재 육성을 제대로 성공시키는 기업은 10~20%에 불과하다. 나머지는 말만 거창하거나 그저 흉내만 내는 기업이다. 말로는 뭐라고 하든 실제로는 사람 키우는 일을 별로 중요하다고 생각하지 않기 때문이다. 이 장에서는 인재 양성 전반 가운데 기업 문화와 인사 차원의 경력 제도보다는 HRD와 교육 쪽으로 내용을 집중하여 설명하고자 한다.

교육의 근본 목적을 다시 묻는다

태어나면서 가장 먼저 시작되는 가정 교육은 삶의 기초를 닦는 가장 중요한 교육이다. 생활 교육, 기본적 윤리와 도덕, 가족생활에서 지켜야 할 도덕과 위생 등을 배우게 된다. 그러나 가정 교육의 기능 중 가장 핵심적인 것은 '인성 교육'이다. 교육적 관점에서 볼 때, 가정에서는 한마디로 평생을 살아가는 데 필요한 자양분이 제공된다.

다음은 학교 교육이다. 유치원과 유아원 등이 놀랄 정도로 발달했고, 워킹맘이 늘어나면서 조기 교육도 함께 시작되었다. 초등학교와 중고등학교는 인생에 필요한 지식을 습득하도록 교육한다. 지성인으로 살아가는 데 필요한 모든 것을 학교에서 배운다. 열심히 공부하면 평생을 살아갈 기초 지식은 어느 정도 해결된다.

대학 교육은 학교 교육의 꽃이다. 인생의 가장 아름다운 황금기, 어쩌면 인생에서 가장 소중한 이 시기에 스스로 생각하는 방법과 스스로 공부하는 방식을 함께 배운다. 고등학교까지가 배우고 학습하는 시기라면, 대학은 스스로 연구하고 공부하는 시기다. 대학 교육이 더욱 중요한 이유는 전공을 통해 전문성의 기초를 다지는 시기이기 때문이다. 스스로 분야를 설정해서 공부 방식과 지식의 틀을 갖춰가는 방식을 정립하는 때다. 또한 현실적으로는 다가올 수십 년간 종사할 직업 분야의 방향을 결정하는 시기이기도 하다.

예전에는 전공과 무관하게 4년간 대학 생활의 낭만을 즐기며 학문적 분위기만 습득하면 되는 시절이 있었다. 하지만 대학 교육은 이제 치열한 미래를 향한 선제적 베이스캠프를 구축하는 중요한 시기가 되었다. 4년이면 마무리되던 과거와 달리 해외 연수, 교환 학생, 더 나아가서 석사와 박사까지 이어지는 이른바 고등교육의 산실이다. 그만큼 세상의 지식이 깊어지고, 전문 영역은 세분화되고, 지적 역량은 날카로워져가기 때문이다.

이후 회사에 입사하면 본격적으로 직장 교육이 시작된다. 기업 교육, 회사 교육, 직장 연수 등 다양하게 불리는 직장 교육을 통해 우리는 일과 관련된 직업 교육을 체계적으로 받게 된다. 이것은 자신의 직무 수행과 일에 대한 자신의 몸값을 제대로 받는 데 매우 중요한 역할을 한다. 우리는 약 30년간(앞으로는 40년 이상) 직무 교육을 통해 괄목할 만한 성장을 이룬다. 직업관과 일하는 자세, 업무 관리 방식, 리더십, 글로벌, 창조, 인성, 기술, 그리고 직무 교육에 이르기까지 다양한 분야(거의 모든 분야)에 대해 사회인으로서 필요한 기식과 기술과 자세를 배울 기회를 갖는다.

교육과 연수 시스템이 잘 갖춰진 회사를 선택한 사람은 참으로 복 받은 인생이다. 명문 대학이라 해도 4년만 다니면 끝나지만 인재 양성이 철저한 명문 직장은 최대 30~40년을 다니기 때문이다. 대학의 10배, 전체 학교 생활의 2배가 훨씬 넘는 시간이다. 이제는 직장 교육이 사실상 인생 전반 교육의 중심을 차지하게 된 것이다.

직장 교육과 별도로 지역 사회에는 여러 종류의 사회 교육이 기다리고 있다. 각종 문화 교실이나 커뮤니티 교육, 독서 모임, 조찬회, 공부 동호회 등을 통해 우리는 또한 성장하고 성숙해간다. 대부분의 직장이 직무 교육 중심이라면, 이러한 각종 교육을 통해 우리는 사회인으로서 필요한 소양을 보완하고 충족시킨다.

사회 교육과 관련하여 최근 들어 새롭게 대두된 것은 은퇴 교육이다. 정년퇴직 이후 또는 은퇴 후 죽을 때까지 우리는 교육을 받아야 한다. 앞으로는 '노인 교육'이 그 어떤 교육보다 중요해질 것이다. 시간 여유가 많은 노년에 배움으로 스스로를 갈고닦지 않으면 노인 개인적으로 불행해질 뿐 아니라 사회에도 커다란 부담이 된다. 노인으로 행복하게 사는 법, 죽을 때까지 사회에 가치 있는 존재로 살아가는 법, 인생을 정리하고 후손에게 삶의 유산을 남기는 법 등은 참으로 소중한 교육 내용이 아니겠는가? 아마 인생의 가장 마지막 교육은 '잘 죽는 법'에 대한 교육일 것이다.

교육은 성장이다. 성장하지 않으면 도태된다. 그래서 교육은 인간과 평생을 함께한다. 요람에서 무덤까지 한 인간을 책임질 수 있는 것은 바로 교육이다. 건강을 잃으면 육체가 병들지만 교육을 잃으면 정신이 병든다. 교육은 자신이 속한 사회 구성원으로서의 삶을 영위하기 위한 적응 비용이자 적응 노력이다. 이런 의미에서 국가는 거대한 교육 공동체이며, 기업 또한 확실한 학습 조직 learning organization이 되어야 한다. 조직이 학습한다는 것은 개인의 학습을 논외로 해서는 성립할 수 없다. 왜냐하면 기업은 사람이기 때문이다.

개인과 조직을 모두 살리는 교육

대다수의 기업에서는 사내 교육을 넓은 의미로 HRD Human Resources Development라고 한다. '인적 자원 개발'이라는 뜻인데, 보통은 인력 양성 또는 인재 양성이라고 부른다. 그냥 기업 교육이라고 말해도, 다소 범위의 차이가 있긴 하지만 크게 문제는 없다. 기업 교육은 가정 교육, 초중고 교육, 대학 교육, 사회 교육과 구별되는 독특한 특징을 가지고 있다.

기업 탄생 초기에는 개별 업무 수행에 필요한 직무 교육을 중심으로 시작되었으나, 지금은 실로 광범위하다. 직무 능력 향상은 물론이고 인성과 가치관 교육, 경영과 리더십 교육, 글로벌 경쟁력을 높이기 위한 외국어 및 이문화 교육, 기업 시민으로서의 사회 공헌 및 봉사 교육, 창의력 향상 교육, 디지털 기술 교육, 환경 변화와 트렌드 교육, 환경과 안전 및 성희롱 등의 각종 사회적 이슈 교육, 사회 리더로서 직장인 품격 유지에 필요한 다양한 인문학적 소양 교육에 이르기까지 종합적이고 체계적으로 수십 년에 걸쳐 배워나간다. 오늘날 기업 교육은 인간 교육의 꽃이다.

기업에서 인재 양성의 중요성은 이루 말할 수가 없다. 물론 인재 양성이 교육만으로 되는 것은 아니다. 각종 인사 시스템과 조직 풍토, 기업 문화 같은 양질의 생태계에서 자연스레 인재가 성장하게 마련이다. 하지만 끊임없는 교육과 훈련은 초일류 기업의 핵심 조건 중 하나임에 틀림없다. 교육이 없으면 기업의 미래도 없다. 그렇다면 기업에서 하는 교육의 목표는 무엇일까?

인간 행동의 계획적 변화, 교육 1.0

전통적으로 기업에서는 교육을 '인간 행동의 계획적 변화'로 정의했다. 이러한 정의는 직원을 기능이나 기술 위주로 가르치던 전통에 기인한다. 다만 사람의 생각과 태도를 바꾼다는 점에서 볼 때 '인간 행동의 계획적 변화'라는 말은 정의로서 다소 부족한 느낌이 든다. 정의를 조금 확대하여 '인간의 사고와 행동의 계획적 변화'라고 하면 좋을 것이다. 복잡한 인간의 활동 메커니즘을 단지 행동과학의 입장으로만 바라보아서는 안 되기 때문이다.

개인 운명의 변화, 교육 2.0

교육은 개개인의 운명을 바꾸는 일이다. 인간은 교육을 통해 끊임 없이 성장함으로써 자신의 운명을 바꿔나간다. 30년의 불황을 이 겨내고 세계 1등을 유지하고 있는 일본 최고의 자동차 기업 토요타 의 경영 비결 중 하나가 인재 양성 철학이기도 하다. '교육은 개인 의 운명을 변화시킨다.' 기업 교육에 대한 멋진 정의라고 생각한다.

사람의 생명을 살리는 일, 교육 3.0

교육으로 사람의 운명을 바꾸는 일은 그 사람의 미래를 바꾸는 일 이다. 개발을 통해 가치 창출의 기회와 능력을 제공하기 때문이다. 그러나 교육은 운명을 변화시키는 것을 넘어 생명을 살리는 일이 다. 살아 있다면 단지 능력과 사회적 가치뿐만 아니라 개인적 삶의 의미와 가치, 그리고 행복감을 느끼면서 다른 사람들에게도 선한 영향을 끼칠 수 있는 인성과 품격을 갖추고 있어야 한다. 자신만 알고 사는 사람이나 사회에 무관심한 사람은 제대로 된 교육을 받 은 인재라고 할 수 없다.

사람과 조직의 생명을 살리는 일, 교육 4.0

AI가 많은 부분에서 인간을 대체하는 제4의 시대에 교육의 역할은 실로 중차대하다. 교육을 예컨대 AI와 접근하는 능력 개발로 접근 해서는 답이 없다. 그렇다고 AI가 하지 못하는 영역으로의 기술이 나 지식 교육은 일시적으로 성과를 거둘지 모르지만 언 발에 오줌

누는 정도밖에 안 될 것이다. 21세기의 교육은 사람과 조직의 생명을 살리는 일이어야 한다. 개인뿐만 아니라 조직에 생명을 불어넣어 살리는 역할을 해야 한다. 개념적이고 추상적인 느낌 같지만 여기서 강력한 느낌이 와야 한다. 실제로 앞서 나가는 4.0 기업은 이미 교육을 이렇게 접근하고 있다. 교육은 앞으로 더욱 중요해질 것이다.

예를 들어보자. 구글은 지금 전 분야에서 세계적으로 가장 앞서 나가고 있는 4.0 기업의 전범典範이다. 구글의 교육 중 특이한 교육이 보인다. 바로 명상 교육이다. 구글은 왜 이런 교육을 할까? 업의 특성상 데이터를 다루고, 알고리즘을 짜고, 소프트웨어를 개발하는 등의 일은 조직 구성원의 인성과 영혼을 파괴할 수 있다. '파괴'라기보다는 '마비'시킨다고 표현하는 편이 낫겠다. 어쨌든 인간 내면세계의 균형을 맞추기 위해 구글은 개인과 조직의 생태계를 관리한다. 개인적으로는 명상을 강조하고, 조직적으로는 서식처 관리를 한다. 회사 공간을 캠퍼스라고 부르면서 카페와 레스토랑, 그리고 놀이 공간과 안마실까지 마련해두고 조직 생태계가 살아 숨쉬도록 하는 것이다. 이 단계가 되면 교육은 기능적 목적이나 지식전달 수단을 지나 이미 개인의 삶과 조직의 생태계를 관리하는 종합적 접근으로 용해되어 기능한다.

잘 알다시피 구글은 3.0 기업에서 출발하여 4.0 기업에 포지셔닝되어 있다. 구글은 제조 기업이 아니다. 구글은 제품이 없다. 무형의 정보와 데이터 검색에서 출발한 기업이다. 그들에게는 근무

시간이 중요한 것이 아니고 근무의 성과가 중요하다. 늘 프로젝트를 중심으로 일하고, 팀이 하나가 되어 목표를 스스로 설정하고 성과를 만들어내야 한다. 관리해야 하는 것은 시간이 아니고 프로젝트다. 근무 시간이 아니고 업무의 몰입도다. 양이 아니고 질이라는 말이다. 따라서 보이는 것이 아니라 보이지 않는 것을 관리해야 한다.

직무 교육은 스스로 배워서 하면 된다. 목표도 스스로 정하고, 평가도 팀원끼리 동료 평가를 통해 알아서 한다. 하지만 실제로는 아주 많은 스트레스를 받게 된다. 그렇다면 회사 차원에서는 무슨 교육을 해야 할까? 직무에 대해서는 특별히 교육할 것이 없다. 그냥 생태계 관리만 해주면 된다. 스스로 또는 서로 배울 수 있는 학습 문화를 조성하고, 생각보다 훨씬 높은 강도의 스트레스에 대한 자기 관리와 자기 통제 능력을 키워주어야 한다. 고도의 스트레스와 긴장을 스스로 관리하게 하는 가장 효과적 방법은 바로 명상 교육이다.

결국 문제는 교육 철학이다

기업에서 가장 중요한 것은 이윤 또는 수익일지 모른다. 이윤은 양질의 경영 성과에서 나온다. 그러나 수익은 누가 내는가? 사람이다. 양질의 경영 성과는 누가 내는가? 이 또한 사람이다. 물론 여기에서 생각이 갈린다. 기업이 성공하려면 좋은 사업 아이템을 잡고, 레이쿼의 말처럼 트렌드를 잘 읽고 태풍의 길목에 서며, 경영 시스템을 잘 갖추어 시스템이 잘 작동되게 하면 된다고 생각할 수 있다. 사람은 자원material, 자본money, 기계machine처럼 경영의 한 요소에 불과할지 모른다. 만일 그렇게 생각한다면, 고객 만족이나 인류 사회 공헌은 사람들을 속이는 저급 상술로 전락한다. 경영에 철학은 없고 결국 성과만 남는 것이다. 나중에 후회할 일이다. 그런 기업은 결코 장수 기업이 될 수 없고, 그 영속성을 확보할 수 없다. 빨리 한 건 해서 큰 값 쳐서 받고 다른 기업에 팔아넘기면 된다. 이러한 사례는 흔히 있는 일이지만 기업 경영의 전부일 수 없고, 기업의 사회적 사명도 아니다.

어느 시대에나 뜨는 기업이 있고 성장하는 기업도 있게 마련이다. 그러나 수백 년의 글로벌 기업사, 아니 최근 50년 정도의 기업사만 훑어보아도 한때 세계를 주름잡고 시대를 풍미하던 기업이 한 방에 날아가 '쓸쓸한 한때의 영화'를 보여준 사례 또한 얼마나 많았던가? 이들 기업에서는 사람을 중시하고 교육을 강조하여 인재를 육성한 경우를 거의 찾아볼 수 없을 것이다. 대부분의 기업은 높은 비전과 목표, 탁월한 경영 성과 추구에 매몰되어 가속 페달을 밟다 거꾸러져 무너졌다는 공통적 특징을 가지고 있다. 실적과 성과, 외부 명성에 정신이 나간 기업은 단기간 내에 망하기 십상이다. 반면 장수하는 기업은 하나같이 직원을 아끼고 존중하며 교육하고 성장시킨 기업이다. 100년 장수 기업은 물론이고, 50년 이상 유지된 견실 기업은 공통적으로 기업 내 인재 양성과 임직원 교육에 열심히 투자한 기업이다.

이런 기업도 있다. 초기에는 인재 양성에 공을 들이고 교육도 열심히 하면서 임직원을 성장시키는 데 주력하지만, 기업이 성공해 높은 성과를 내게 되면 초심을 잃고 마음이 변해 인재 양성과 임직원 교육을 소홀히 하면서 서서히 쇠락해가는 경우다. 일본 기업들이 쇠락한 원인 중 하나다. 버블 붕괴로 거품이 꺼지면서 이른바 아웃소싱이라는 미명하에 미국도 부러워할 정도로 잘해왔던 일본의 인재 양성과 교육 제도는 빛을 잃고 말았다. 대신 인재 양성과 사내 교육에 주력한 우리나라가 그 자리를 차지하게 되었다.

이제 우리나라가 비슷한 상황에 접어들었다. 기업 교육이 시큰둥해지고, 주 52시간 근무제와 근무 강도 제고 등의 이유로 교육과 인재 양성 노력이 최근 몇 년간 현저히 줄어들고 있다.

기업에서 인재 양성과 임직원 교육은 보약과 같다. 한두 해쯤은 안 해도 표시가 잘 나지 않지만, 경비 절감 효과는 눈에 확실히 보인다. 어리석게도 겉으로 남기고 속으로 밑지는 일이다. 이렇게 몇 년이 지나면 인적 경쟁력이 현저히 떨어진다. 최고경영자가 조직에서 뭔가 이상 징후를 발견한 뒤 교육을 강조하고 인재 양성을 다시 시작해도 이미 늦은 경우가 많다. 외부 컨설팅을 받아 이런저런 처방을 하면서 돈은 돈대로 쓰고 허우적대다 그저 그런 기업으로 전락하는 경우를 수없이 보아왔다.

반면 잘하는 기업은 오히려 불황 때, 조직이 위기에 봉착했을 때 더욱 교육을 강화한다. 물론 어려운 일이다. 우선 자금이 없고, 시간이 없고, 마음의 여유가 없다. 결단이 필요한데, 이때 철학이 작동한다. 그러므로 철학이 없는 리더는 절대로 이런 결단을 내릴 수 없다. 결국 철학이 이기는 것이다. 이처럼 인재 양성 철학은 한 기업을 100년에 이르게 한다. 물론 인재 양성이나 교육만 잘한다고 100년 기업이 될 수는 없다. 그러나 분명한 것은 인재 양성을 소홀히 하면서 100년을 가는 기업은 없다는 점이다. 물론 10년 정도는 갈 수 있고, 전략을 잘 세우고 시장을 잘 만나거나 쥐어짜는 경영을 하면 20~30년은 갈 수 있을 것이다. 그러나 결코 건강한 기업은 아니고 당분간 죽지 않는 기업일 뿐이다.

기업은 사회 속에 있고 사회는 사람들의 집합체다. 기업은 사람에서 시작해 사람으로 끝나야 한다. 사람이 없는데 기업이 무슨 의미가 있을까? 완전 무인 기업이 우리의 미래인가? AI가 지배하고 AI가 경영하고, AI가 상품을 만들고 AI에게 팔고 AI가 돈 버는 기업이 우리의 미래인가? 그 뒤에서 AI를 움직이는 한 사람이나 소수자만 그 과실을 누린다면, 과연 그 기업에게 우리는 존재 정당성을 부여할 수 있을까? 철학적 논제다. 이 질문에는 아마 모두가 할 말이 많을 것이다.

인재 양성이
최고의 경영이다

인재 양성은 경영이 잘될 때도 하고 안 될 때도 해야 한다. 사업이 잘될 때는 더 잘하기 위해서 적극적으로 인재 양성을 해야 하며, 사업이 안 될 때 미래를 위한 인재 양성을 통해 반전을 시도해야 한다. 물론 경영이 잘될 때 하는 교육과 잘 안 될 때 하는 교육은 그 내용에서 다소 차이가 있다. 교육도 시기와 환경, 그리고 경영 형편에 따라 최적화되어야 한다.

인재 양성을 통해 경영을 도모하는 것, 이것이 바로 기업의 인재 양성 철학이다. 인재 양성을 철학으로 하는 것과 전략으로 하는 것은 다르다. 사람 자체의 절대 가치를 인정할 때만 철학으로 하는 인재 양성을 결정하게 된다.

반면 전략으로서의 인재 양성은 한 기업이 수립한 커다란 경영 전략에서 인재 양성이 전략적 의미가 있을 때 하는 것이다. 인재 양성을 전략의 일환으로 구사하는 형태와 방식이다. 서구 기업이 대체로 이러한 방식을 취하는 반면, 동양적 배경을 가진 기업의 인재 양성 방식은 다소 다른 모습을 보인다.

과거 일본이 잘나가던 시절, 일본 교육은 철학과 전략의 중간 형태를 취했다. 동양적 사고를 갖고 있기에 인재 양성에 대한 철학적 요소가 강하지만, 일본의 문화나 사상과 풍토적 특성상 실용적 교육, 실무 교육, 직능 교육, 재교육 형태의 교육이 발달해온 것이 사실이다. 반면 우리나라에서는 교육의 무한한 가능성과 교육을 통한 신분 상승의 믿음이 기업의 인재 양성 철학에도 그대로 녹아 있다.

일본은 버블 구조 조정 이후 교육을 버리고 효율 체제로 바뀌었다. 교육 부분을 분사화하거나 외주화해버렸다. 2000년대 한국 기업의 발흥과 천하를 호령하던 일본 기업의 상대적 쇠락은 이 부분에 기인하는 바가 크다고 자평하며 아쉬워하는 일본 기업 관계자들을 많이 만났다. 우리에게도 큰 교훈이 되어야 한다. 특히 성장하는 중국 기업이 우리나라 기업의 인재 양성을 벤치마킹하여 더욱 엄청난 투자를 하는 것을 보면 두려움마저 든다. 미래의 일류 기업이 되려면 무엇을 어떻게 해야 하는가에 대한 열망이 내재되어 있고 임직원의 인재 양성을 통하여 가능하다고 보는 교육관을 가지고 있는 것이다.

물론 경영에서 교육의 역할이 절대적이지 않다는 것은 누구나 알고 있다. 경영이란 워낙 복잡한 일이어서 다른 제반 요소의 총체적 결합에 의해 경영 성과가 나타나게 마련이다. 경영 일선에서 진두지휘하는 최고경영자가 이를 모를 리 없다. 다만 그러한 인재 양성 철학을 가짐으로써 임직원의 능력을 최고조로 발휘시킬 수 있으리라는 기대 심리 때문이다. 그리고 실제로 그렇게 확신했을 경우 폭발적 능력과 헌신이 보장된다. 반면 임직원은 교육을 통하여 자신의 경쟁력이 확보되고 실력이 향상되며 가치 창출 능력이 생겨 미래가 보장된다. 이것이 과거의 인재 양성 교육을 중심으로 성장한 기업의 특징이다.

초일류 기업에서 교육은 단순한 인재 양성의 차원을 넘어서 임직원을 하나로 묶고 정신을 조화시키며 건전한 직장 생활을 하게 함으로써 자신의 삶이 바람직하고 윤택하고 격조 있는 생활이라는 것을 확인시켜주는 중요한 경영 활동이다. 초일류 기업은 자사 임직원이 품격 있고 행복한 삶을 누리며 사회 지도층으로서 독자적 영향력을 발휘하면서 자부심을 가지고 살아가기를 기대한다. 적어도 교육을 많이 시키는 기업이라면 좋은 기업이라 할 수 있다.

기업이 오로지 경영 성과를 높이기 위하여 교육한다 할지라도, 결과적으로 임직원은 자신의 능력 향상으로 몸값이 높아지는 반사적 혜택을 보게 된다. 그러나 사실은 그와 반대다. 임직원의 능력이 먼저 향상되어야 하고, 능력이 향상된 임직원은 회사에서 훌륭한 경영 성과를 낼 것이기에, 회사가 오히려 그 반사적 이익을 보는 것이 맞는다고 보아야 한다. 닭이 먼저냐 알이 먼저냐의 문제지만, 그 어느 쪽이든 회사와 개인은 교육을 통해 상생 관계가 되는 것이다. 교육이 경영인 이유가 여기에 있다. 경영을 통하여 교육이, 교육을 통하여 경영이 상호 시너지를 내는 원리다.

교육이 비용이면
자식도 비용이다

기업은 사람이다. AI 시대에는 아마 이 말도 도전을 받을 것이다. '기업은 AI다.' 이렇게 말이다. 만일 기업은 사람이라는 생각이 여전히 유효하다면, 기업에서 하는 교육은 비용이 아니고 투자다. 자기 자식을 생각하면 된다. 우리는 왜 자녀를 어린 시절부터 일찍 학교와 학원에 보내려고 애쓰는가? 아들딸의 장래를 위해서다. 그래서 우리가 아낌없이 지불하는 교육비는 자녀와 가정의 미래 행복을 위한 투자인 것이다.

"한 기업이 사람을 뽑아서 제대로 가르치지 못하는 것은 사회적 죄악"이라는 말이 있다. 참으로 맞는 말이다. 회사가 임직원에게 애정이 있으면 돈을 아끼지 말고 교육해야 한다. 남의 집 귀한 자식 데려다가 제대로 교육하지 않아 소중한 인재로 만들지 못하고 그 인생을 망치게 한다면, 그것은 회사의 잘못이다. 물론 사회의 변화도 있고 기업의 여건도 있고 개개인의 노력이나 성실성의 문제도 있으므로 그 책임이 전적으로 회사에만 있다고는 할 수 없지만, 세상에 대한 모든 정보와 미래에 대한 지식은 회사가 더욱 잘 파악하고 있지 않은가 말이다. 따라서 회사는 지속적으로 사회의 변화에 따른 임직원의 변신과 노력을 촉구해야 한다. 이것은 기업의 권리인 동시에 책임이기도 하다. 기업의 성장과 발전은 인재 양성의 힘이라 믿는 그 믿음 위에서 조직과 개인이 함께 성장한다. 이런 기업이 좋은 기업이고, 이런 철학을 가지고 장수하는 기업은 위대한 기업이다. 그리고 이런 기업에 다니는 사람은 복 받은 사람이다.

한 기업의 인재 양성은 단지 회사의 몫만이 아니다. 임직원 각자가 자신의 조직을 학습 조직으로 만들어나가는 것 또한 중요하다. 이 점에 있어 리더의 역할은 정말 중요하다. 회사에서 아무리 좋은 제도와 기회를 만들어준다 할지라도 리더가 솔선하여 후배를 육성하고자 하는 열망과 의지가 없으면 소용없다. 회사 업무는 늘 바쁘다. 특히 최근에는 인력이 타이트하게 움직이기 때문에 자리를 비우는 일은 꽤나 어려울 것이다. 그러나 리더의 후배 육성 책임과 조직 성장 책임은 성과 창출 책임만큼 중요하다. 업무는 오늘을 위한 노력이다. 그러나 육성은 내일을 위한 준비다. 오늘도 중요하지만 내일도 중요하다. 오늘만을 위해 살다 보면 결국 내일이 없게 된다. 총론적으로 모두 이해하고 공감한다 할지라도 실제적으로 결단을 내리기는 어려울 것이다. 이러한 리더의 장기적 육성 철학이나 의지도 회사에서 교육해야 한다.

인재 육성의 핵심은 리더 육성이다. 훌륭한 리더가 훌륭한 인재를 육성하기 때문이다. 지난한 노력으로 이러한 문화나 풍토가 기업 문화로 정착될 때, 기업은 초일류로 가는 기차에 올라타는 것이다. 시간이 걸리겠지만 언젠가는 반드시 초일류 기업이 되리라고 본다. 초일류 DNA를 장착했기 때문이다. 초일류로 가는 길은 멀고 험하다. 쉬우면 누구나 초일류가 되지 않겠는가? 혁신의 단계로 본다면 인재 양성은 이처럼 '불가능에 대한 도전'에 오히려 가까워 보인다. 그렇게 하는 기업이 있기에 불가능은 아닌 것이 틀림없지만 말이다.

교육 4.0의 시대가 열렸다

지난 40년간 국가의 발전, 기업의 발전, 산업의 발전과 이동에 따라 기업의 교육도 끊임없이 진화해왔다.

- HRD 1.0 중후장대형 인재: 교육 훈련
- HRD 2.0 경박단소형 인재: 자율 학습
- HRD 3.0 미감유창형 인재: 창의 각성
- HRD 4.0 초탈무극형 인재: 해법 탐색

1세대. 교육 훈련의 시대

기업 교육의 1세대는 교육 훈련training의 시대였다. 이 시기에 직장 교육은 연수라고 했으며, 기능 교육 중심이었다. 주로 생산 교육이나 판매력 강화 훈련 같은 현장 교육이었다. 이때는 군대식 교육 방식이 주종을 이루었다. 수십 킬로미터를 행군하거나 잠을 재우지 않는 등의 의식을 고양하는 집체식 교육이었다. 합숙 교육은 주로 강의식이었고, 현장 실습 교육도 많았다. 자사 제품을 직접 팔아보는 경험도 했다. 당시에는 모두 효과적인 교육으로 인식되었고, 그 교육을 통해 많은 사람들이 변화되었다. 그렇게 성장한 사람들이 조직에서 리더가 되고 CEO로도 성장했다. 1970~1980년대를 주름잡던 시절의 기업 교육 방식이었다.

2세대. 자율 학습의 시대

1990년대 초가 되면서 자기 학습 열풍이 일었다. 가르치고 배우는 교육 패러다임에서 스스로 학습하는 학습learning의 시대로 바뀌었다. 모든 패러다임 전환에는 시대적 배경이 있다. 일본이 버블 경제 붕괴 후 침체의 길을 걸으면서 당시 세계 최강이라 여겨졌던 일본의 교육도 무너지기 시작했다. 일본은 구조 조정이라는 미명 아래 교육을 모두 아웃소싱 방식으로 바꾸기 시작했다. 교육 전문 회사를 설립해 자회사로 전환하고 전문화 및 기능화했다. 지금 생각하면 어쩔 수 없는 선택이었다고 할 수도 있지만, 내가 보기에는 일본식 경영의 패착이었다.

반면 우리나라는 교육 방식을 미국식으로 전환하기 시작했다. 미국을 대대적으로 벤치마킹했는데, 이때가 바로 미국에서 '학습 조직'의 붐이 일어난 때였다. 미국이 일본에서 학습한 내용이 미국화하여 자율 학습의 시대를 열었다.

이때부터 미국식 소그룹 토의가 활발해졌으며 학습자 중심 교육, 자율 교육, 현장 교육이 강조되었다. 교육 주체가 가르치는 사람에서 배우는 사람으로 전환된 것이다. 수십 년간 지속되었던 기업 교육에서 최초의 패러다임 시프트였다. 말이 쉽지 이때에도 임직원은 자율 학습의 개념을 잘 파악하지 못했다. 학습을 책을 많이 읽는 것, 자율적으로 학습한다는 정도로 이해했다. 그럼에도 차츰 독서 모임이 활성화되었고, 비용도 지원되었다. 토의 및 토론 방식이 강조되었고, 자신의 생각을 말하는 분위기가 고조되었다.

그 후 기업 교육은 새로운 전기를 마련하게 된다. 세계적으로 디지털 열풍이 몰아닥치면서 지식 학습의 방식이 종전의 오프라인 중심 교육에서 온라인 중심 교육으로 전환된 것이다. 정신교육이나 기업 철학 및 핵심 가치 교육은 오프라인 교육으로 운영하고, 지식 습득이나 기술 교육 등이 대거 온라인 교육으로 옮겨 갔다. 처음에 10% 정도로 시작한 사이버교육은 이후 20%로 늘었고, 정부의 도움을 받아 50~70%까지 확대되었다. 이 시대를 우리는 자율 학습의 시대라고 부를 수 있으며, 2.0 교육의 시기이자 2세대 교육이라고 이해하면 적절할 것이다. 그리고 그러한 교육 패러다임은 대부분의 기업에서 지금까지 계속되고 있다.

3세대. 창의 각성의 시대

2000년대 중반이 지나자 3세대 교육의 시대가 펼쳐졌다. 이것은 창조의 시대와 맥을 같이한다. 스마트 열풍이 전 세계를 강타했고, 그 중심에 스티브 잡스가 있었다. 잡스가 강조한 인문학의 세계는 학습 패러다임마저 바꾸어놓았다. 우리나라에서 인문학 열풍이 분 것과도 같은 맥락이다.

드디어 자율 학습에서 창의 각성inspiring으로 교육 패러다임이 이동하기 시작한 것이다. 다시 한번 임직원의 학습 패러다임을 바꾸어야 했다. 그러나 패러다임은 잘 바뀌지 않는다. 임직원은 물론 자율 학습에 익숙한 교육 스태프조차 그 개념을 잘 이해하지 못했다. 교육 방식에 조금 창의적인 요소를 더하면 되는 줄 알았다.

배운다는 뜻의 'learning'은 한자로 '배울 학學'이다. 그렇다면 'inspiring'은 한자로 무얼까? '깨달을 각覺'이다. 즉 영감을 받아 스스로 깨닫는 것이다. 깨달음이 있어야 내 것이 된다. 배우는 것은 남의 지식을 내가 받아들이는 단계다. 깨달음은 그 지식이 자신의 머리와 온몸에 느껴지는 단계다. 체화體化라고나 할까? '학'에서 '각'이 될 때 지知에서 행行이 일어난다. 안다의 4단계에서 5단계로 점프하는 것이다.

학과 각은 한 끗 차이다. '아들 자子'가 '볼 견見'으로 바뀔 뿐이다. 각은 보이지 않던 것이 보이는 것, 즉 깨닫지 못하던 것을 깨닫는 것이다. 원리가 이해되는 것이고, 이심전심이자 공감이며, 허공을 떠돌던 지식이 지혜의 천사로 다가와 내게 입맞춤하는 것이다!

'inspiring'이 일어나면 각성이 된다. 영혼과 육신이 깨어난다. 보이지 않던 것이 보인다.

깨닫게 하는 것이 창조 교육의 목표이자 방법이다. 그래야 백인백색의 솔루션이 나온다. 문제 인식은 학의 단계다. 그래서 공부를 많이 한 사람들은 문제에 대해 정확히 인식하므로 비판에 능하다. 문제 인식이 강하면(2.0 교육) 비판적 사고가 강해지지만 창조적 사고는 약해진다.

우리의 교육은 '영감을 주는 교육'이어야 한다. 학교 교육은 몰라도 기업 교육은 확실히 그래야 한다. 학교 교육은 지식의 터전을 마련해줘야 하므로 주입식과 암기식이 일부 필요할 수 있다. 특히 학업의 초기 단계에 기초 인프라를 갖추기 위해서는 말이다. 그러나 성인 교육, 특히 직장인 교육, 경영자 교육, 리더 교육의 핵심은 지식이 아니라 지혜다. 문제 인식이나 문제 비판이 아닌 문제 해결을 위한 교육이어야 한다. 결론적으로 창의력을 높여주는 3.0 교육의 핵심은 상상력, 영감, 통찰력 중심으로 교육이 전환되는 것이다.

4세대. 해법 탐색의 시대

그렇다면 향후 4.0 교육은 어디로 이동할까? 세계적으로 4세대 교육은 아직 오지 않은 듯하다. 얼핏 보기에는 문제 해결형 교육이 교육의 '끝판 왕' 같지만, 사실은 하나가 더 있다. 그러한 교육 패러다임을 정확하게 표현하자면 문제 발견형 교육이다. (문제 해결형 교육은 솔루션 교육으로 3.0 교육, 곧 Inspiring을 말한다.)

문제 발견형 교육은 스스로 문제를 제기하여 문제를 만들고 해결하는 방식의 교육이다. 문제는 문제로 인식되기 전까지 문제가 아니다. 실제로는 문제지만 조직원들에게 문제로 인식되지 않는 상태다. 문제지만 문제라고 생각하지 않으면 터질 때까지는 몰라도, 일단 터지면 조직이 크고 작은 위험에 빠진다. 따라서 문제를 제때 인식해야 하는데, 그러려면 올바른 자기 질문이 중요하다.

4.0 교육은 바로 질문하는 힘을 키워주는 교육이어야 한다. 답은 이야기하지 않아도 된다. 같이 생각하고(집단 지성) 자신이 답을 내면 된다. 틀린 답을 내면 실패할 테고, 또다시 바른 답을 찾아가면 된다. 무수한 시행착오를 통해 자신의 답을 찾아가는 것이다. 그 과정이 바로 해법 탐색pioneering이다.

교육 패러다임
재구성

교육 패러다임의 변화와 교육 4.0 시대를 맞아 미래 교육은 어떻게 변해가야 할까?

기업에서는 4.0 인재의 전략적 육성을 위한 입체적 학습법이 다각도로 개발되어야 한다. 유비쿼터스 학습이 제공되어야 한다. 교육이 마치 일곱 색깔 무지개처럼 환경과 여건에 따라 그 형태와 방식이 유연하게 변해가면서 학습 효과를 극대화해야 한다. 따라서 4.0 기업 교육의 방식은 다음과 같이 전개되어야 효과를 극대화할 수 있다.

강의장 → 온라인 → 영상 → 직장 → 일 → 대화 → 생태 학습

강의장 교육의 최소화

특히 주 52시간 근무제 시행으로 일에 대한 부담이 늘어날 것이다. 따라서 강의장 교육은 최소화하되 지식 교육은 온라인으로 돌리고 정신교육, 핵심 가치 교육, 리더십 교육, 창의 교육 등만 모여서 하는 것이 좋다. 단, 그 방식에 있어 단순 주입식 교육은 최소화하고 각자의 생각을 활발히 교환하는 살아 있는 토론 교육(생태형 토론 교육), 실습 교육, 명상 교육 등을 중심으로 일정과 기간을 최소화해야 한다. 특히 명상 교육은 미래형 합숙 교육 방식으로 큰 힘을 발휘할 수 있고, 실제로 참여하는 임직원의 반응도 매우 좋을 것이다.

온라인 교육의 다양성

과거 합숙 과정에서 단순히 온라인으로 옮겨놓은 듯한 지금의 지식 중심 교육을 다양한 방식으로 과감히 개편해야 한다. 특히 온라인을 통해서도 쌍방향 의견 개진과 학습자 상호 간의 활발한 사고 교환 교육으로 확대되어야 한다. 이제 영상 보기가 훨씬 쉽게 가능하므로 마치 텔레컨퍼런스teleconference처럼 텔레비디오컨퍼런스tele/video conference를 통해 사이버공간에서 교육받는 사이버 합숙 교육 방식이 다양하게 개발될 것이다. 튜터링tutoring은 기본이고 학습자 상호 연결 학습이 핵심이 될 것이다. 사내에서 온라인 과정을 자체 개발할 만한 역량이 있는 경우라면 일반적 이론이나 지식 이외에도 현장의 해당 직무 경험자, 실무 노하우, 베스트 프랙티스 등을 정리하여 과정을 만들면 성과와 반응이 훨씬 강력하다.

영상 교육 확대

다양한 영상 교육이 개인 맞춤형으로 개발 및 활용되어야 한다. 유튜브가 세상을 바꾸고 있다. 1분, 3분, 5~7분, 10분, 30분, 1시간 등 다양한 시간 분량의 교육 형태로 개발되어야 한다. 원 포인트 지식이나 기술, 깨달음을 주는 명언, 명상 교육 등 무한 영역으로 확대가 가능하다.

예를 들어 종전에는 학습 커리큘럼에 따라 교육 부서가 모든 것을 만들어 제공했다. 그러나 지금은 교육 부서가 커리큘럼만 제공하고 내용은 유튜브를 통해 학습이 가능하다. 심지어 목표와 스케줄만 주고 스스로 커리큘럼을 짜서 공부하는 방식까지 가능하다. 교육 부서가 모든 것을 다 알 수 없고, 다 할 수 없다. 학습자가 스스로 찾아서 하는 공부는 학습 효과도 좋다.

교육 부서는 광활한 인터넷과 유튜브의 바닷속에서 학습자 스스로가 필요한 지식과 정보를 찾아낼 수 있도록 각종 팁을 주고 가이드 역할만 하면 된다. 물론 고도의 전문성이 새롭게 요구된다. 교육 부서의 기능 전환이 필수적이다.

이러한 유튜브나 영상 교육은 시간의 이동과 관계없이, 즉 언제anytime 어디서나anywhere 학습이 가능하다. 실제로 지하철을 포함하여 어떤 공간에서도 자기 학습이 가능하다는 점이다. 이제 시간이 없어 공부 못 한다는 말을 할 수 없다. 모바일 미디어를 활용한 이동 학습 방식은 교육의 혁명이다. 스마트폰을 통신 수단이나 가벼운 어플 활용 도구가 아닌 평생학습의 혁명적 도구로 바라볼 때 놀라운 교육 혁명이 일어날 것이다. 교육 부서는 임직원들이 자투리 시간에 쓸데없는 오락이나 잡담으로 시간을 낭비하지 않도록 끊임없이 양질의 학습을 할 수 있도록 학습 정보를 제공할 의무가 있다.

선후배, 동료 간 교육 활성화

예전에 직장에서 받는 교육 중 가장 특화되었던 것은 도제식 직무교육, 곧 OJTOn the Job Training였다. 이 방식은 일본이 강한 면모를 보여주었다.

그러나 IMF 경제위기 이후 인력이 감축되고, 팀제가 운영되고, 비정규직이 상시화되면서 요즈음은 제대로 된 OJT를 찾아보기 힘들어졌다. 평가도 개인 평가가 강해지고 성과 평가가 지배하면서 동료가 경쟁 상대가 되어버린 시점에서, 다른 사람에게 자신의 지식과 경험을 나누어주기는 쉽지 않다. 그러나 집단 지성이 커지고 개인이 할 수 있는 일이 한계적일 수밖에 없는 시점에서, 그럴수록 직무 경험 교환 및 공유의 장을 시스템적으로든 문화적으로든 만들어나가는 것은 매우 중요한 일이다.

신 OJT는 상사가 부하를 교육하는 방식이 아니라, 수평적으로 상호 노하우와 경험을 공유하는 제도로 운영되어야 한다. 상사의 과거 경험과 사례를 후임자는 알 수가 없다. 반면 입사가 늦을수록 IT상의 새로운 도구와 창의적 아이디어나 방법 등을 자연스럽게 더 많이 가지고 있을 가능성이 높다. 신 OJT는 상하 관계의 일방적 주고받음에서, 자연스러운 세대 간 또는 선후배 간 강점 공유와 약점 보완의 쌍방 학습 이익 증대라는 새로운 방식으로 진화 및 발전해야 한다. 세상이 바뀌었으니 OJT는 해줄 사람도 없고 할 필요도 없어졌다는 단순 발상은 참으로 어리석다. 세상에 나쁜 제도는 없다. 사람들이 나쁘게, 어리석게 사용할 따름이다. 특히 여기서는 리더의 역할이 중요하다. 리더는 자기 조직에서 학습 생태계 구축 및 관리자로서 역할을 해야 한다. 정보와 지식 업무 노하우가 자유롭게 순환 및 소통될 수 있도록 학습 리더로서의 역할을 수행해야 한다. 이 또한 쉽지 않은 일이다.

업무를 통한 개인 학습

직장 생활을 하며 일에서 배우는 것만큼 큰 배움은 없다. 직장인은 일을 통해 배운다. 일을 하다 보면 지식과 경험이 늘고, 상사에게 잔소리를 듣고 깨지거나 실수를 통해 당황해하면서 배움이 깊어진다. 또한 일은 스스로 배우는 것이 가장 크다. 문제는 일을 일로서만 생각하면 최소한의 체험적 자연 학습만 일어난다는 것이다.

따라서 일에 대한 발상을 전환할 필요가 있다. '일=자기 학습과 자기 성장의 지름길'이라는 생각이다. 일을 대할 때 학습 측면에서 접근하는 지혜가 필요하다. 일을 그저 쳐낸다고 생각하기보다는 일을 시작하기 전에 그 일을 통해 무엇을 '배울까' 또는 '배울 수 있을까' 생각하면서 일에 접근하면, 같은 일을 하고 나서도 성장하는 속도와 수준이 크게 달라진다. 조직의 최고경영자나 리더급은 모두 경험한 일이겠지만 직장인의 평균 인식은 아니기에, 회사 차원에서 이를 계획적으로 지도하고 접근할 필요가 있다.

이를테면 크고 작은 프로젝트를 마무리한 이후에 담당자로 하여금 그 일을 수행하는 과정에서 무엇을 배웠는지 발표하게 하는 방식이 있다. 배움을 잊기 전에 이렇게 정리하고 발표하는 기회는 스스로가 빨리 크게 성장할 수 있는 좋은 교육의 장이 된다.

또한 개인 차원에서는 단위 업무마다 일을 시작하면서 경험하게 된 업무 노하우를 암묵적으로만 숙지하지 말고, 시간을 내어 리플렉션 노트reflection note를 작성하여 자신의 업무 역량을 높여나가면 빠른 성장에 커다란 도움이 될 것이다. 물론 나는 10년 이상 한 달에 1권(A4 150매가량) 정도 작성한 경험이 있다. 개인에 따라 분기에 1권이나 반년에 1권, 아니면 1년에 1권도 좋다. 처음에는 별것 아닌 것 같지만 모이면 힘이 된다.

만남과 대화

대화는 학습의 가장 좋은 도구이자 수단이다. 우리가 대화를 통해 배우고 깨닫는 것은 너무나도 많다. 대화는 라이브다. 글과 문장은 녹화지만 대화는 생방송이다. 상대적으로 거칠고 NG도 나지만 임팩트가 크고 순간적이다. 대화하는 순간에 인간의 오감이 몰입되어 생각의 빅뱅이 일어나기도 하고 상대의 응수·응대, 즉 반응에 따라 전혀 생각지도 못한 상호작용interaction이 일어난다.

직장인은 학습에서 '대화'라는 수단을 철저히 활용해야 한다. 업무상 대화나 상하 간 회의도 물론 중요하지만 다른 부서, 외부 인사, 낯선 사람과의 격의 없는 대화를 통해 놀랄 만한 배움이 일어난다는 것을 경험해야 한다. 단, 여기서 중요한 것은 대화 전에 준비가 필요하다는 점이다. 계획된 대화라면 '이 만남을 통해 나는 어떤 배움이 가능한 것인가'를 미리 시뮬레이션 하는 것이 중요하다. 그러면 당연히 질문이 많아지고, 질문은 상대의 열정과 몰입을 촉진한다. 영혼 없는 립 서비스는 상대도 눈치채게 마련이다. 이처럼 준비된 대화는 배움의 성과를 극대화한다.

워런 버핏과의 한 끼 점심 식사를 위해 수십억 원을 쓰는 CEO들은 바보가 아니다. 그 한 번의 만남을 통해 사업 아이디어나 혁신 방법 등을 얻거나 깨닫는다면 그보다 더한 배움도 없는 것이다. 대화는 때로 인생까지 바꾸지 않던가 말이다. 사내외를 막론하고 소통 네트워크를 구축하여 다양한 집단에서 업무 아이디어와 방법 등을 습득해야 한다. 예를 들면 매일 다른 사람과 점심시간 스케줄을 잡아 배움을 얻는 것 또한 방법이다.

직장 생활 자체가 배움의 장이다

앞서 여러 가지 학습 방법론을 언급했지만, 마지막으로 직장 생활 자체가 배움이라는 점을 말하고 싶다. 직장은 배움터다. 직장은 학교다. 출근을 준비하는 시간부터 퇴근 후 귀가 시간까지 일어나는 모든 일은 다 학습의 소재이고 배움의 스승이다. 일을 떠나서, 직장 상사나 동료를 떠나서 내가 직장에 다닌다는 것, 내가 오늘 출근을 한다는 것 자체가 그러하다. 출퇴근길에 만나는 사람과 사건과 사물 등의 환경은 모두 배움의 미디어다. 그렇게 생각하면 하루 동안에 우리가 배우는 것은 너무나도 많다. 배움이 되느냐 되지 않느냐는 전적으로 나 자신에게 달려 있다.

내가 그러한 마음가짐으로 세상을 바라보고 시간을 보내면 배움의 폭포가 쏟아지고, 배움의 눈발이 흩날리며, 학습의 빗줄기가 흘러내려 온몸을 적신다. 이 모든 것을 기록하고 정리하면 따로 배움이 필요 없다. 직장 생활이 모두 배움이고, 인생이 배움이다. 출근하기 전에 그런 마음으로 출근을 준비하면 하루에도 엄청난 정보와 지식, 지혜가 학습되고 습득된다.

예를 들어보자. 아침에 출근해 사내 메일을 열면 엄청난 자료가 오간다. 물론 업무상 무미건조한 내용이 주를 이루는 가운데 회의 자료, 보고 자료, 참고 자료, 강의 자료, 연설문 등 각종 정보가 오간다. 업무만 생각하면 필요 없다고 여길지 모르지만, 생각을 조금만 바꾸면 회사 외부에서는 접근할 수 없는 고급 정보가 흘러 다닌다는 사실을 알 수 있다. 이런 정보만 오랜 기간 공부해도 엄청난 자산이 된다. 또한 회사에는 많은 거래처 관계자와 방문객이 오고 간다. 사적으로는 만날 수 없는 사람도 공적으로 만남과 접촉이 가능하다. 소중한 인연으로 만나는 사람을 통해 큰 성장을 이룰 수 있다. 국내 출장이나 해외 출장 기회를 통해서도, 벤치마킹을 통해서도 폭넓은 경험이 가능하다. 단순히 업무의 연장선으로만 생각하지 말고 폭넓은 지식과 견문을 넓힐 수 있는 배움의 좋은 기회로 만드는 것이 포인트다.

7개의 접시를
동시에 돌리자

초일류를 지향하는 기업의 교육 스태프라면 이러한 학습 방식을 모두 활용해 자기 조직의 성장을 극대화해야 한다. 이때 중요한 것은 치밀함과 섬세함이다. 아마도 대부분의 기업은 강의장 교육이나 온라인 교육 정도를 교육 부서에서 디자인하고 운영하고 있을 것이다. 기업에서 교육은 교육 부서가 하는 것이 아니다. 전 임직원이 하는 것이며, 따라서 모든 사람이 연결되어야 한다. CEO는 자기 기업 전체를 앞서 말한 7가지 관점에서 재구성해야 한다.

교육을 강의장 교육으로만 생각하던 시절은 한참 지나버렸다. 온라인 교육도 별 관심이 없을 것이다. 그 뒤의 교육 방식은 이상적이거나 우아하게 느껴지는 정도의 막연한 방식으로 생각된다면 CEO의 인재 육성 의지나 수준이 매우 낮다고 할 수 있다. 경륜이 있으므로 조금만 고민하면 예산도 크게 들이지 않고 임직원의 성장을 확인할 수 있는 많은 방법을 어렵지 않게 개발할 수 있다. 임원이나 부서장도 마찬가지다. 자기 사업부나 부서를 중심으로 얼마든지 전개할 수 있으며, 이것이 실제 교육이다. 전사 교육이나 특강은 기업 교육에서 빙산의 일각이라는 점을 잊지 않았으면 좋겠다.

기업 교육
7대 혁신 과제

기업 교육은 진작에 혁신되었어야 했다. 사실 이미 늦은 감이 없지 않다. 그래도 빨리 움직이면 아직은 기회가 있다고 본다. 이 주제만 가지고도 다룰 이야기가 엄청나게 많지만, 교육의 전반인 7개 영역에 대해 핵심 과제 중심으로 언급하고자 한다.

이번 글에서는 거시적 차원의 큰 과제인 인재 양성 철학과 전략을 먼저 이야기하고, 다음으로 교육 분야의 구체적 전략, 내용, 방식, 환경 그리고 마지막으로 주체자인 교육 담당 인력에 대해 간략히 정리했다.

이 중 어느 하나만 된다고 해서 혁신이 성공할 수는 없다. 오히려 7대 영역에 대한 종합적 마스터플랜을 수립하는 것이 혁신의 지름길이다. 혁신은 늘 총체적 솔루션을 요구하기에 참으로 어려운 것이다.

인재 양성 철학 혁신

먼저 인재 양성 철학에 대한 혁신이 있어야 한다. 이를 위해서는 앞서 말한 교육관의 철저한 변화가 필요하다. 우리는 왜 교육하는가? 기업 교육의 목적에 대한 재정의가 이루어져야 한다. '꼭 가르쳐야만 하는가? 과연 가르칠 수 있는가?'에 대해 고민하자. 교육은 가르침이라는 생각이나 교육은 배움이라는 생각은 구시대의 발상이자 철학이다. 새로운 시대의 교육은 지식이 아니라 창조적 깨달음이며 스스로 자신의 문제를 발견하고 규명해가는 일상의 생활이자 활동이라는 생각으로 바뀌지 않으면, 기존 교육은 결코 변하지 않을 것이다. 미래의 교육은 가르침이나 배움이 아니라 깨달음과 발견이다.

인재 양성 전략 혁신

채용이냐 양성이냐 하는 것은 기업 내에서도 참 많이 논의되는 문제다. 답은 우선 좋은 사람을 뽑은 다음 잘 키워내야 한다는 것이다. 한마디로 채용과 양성은 서로를 대체하는 개념이 아니고 보완하는 개념이다. 즉 'either'의 개념이 아닌 'both'의 개념이다.

'키워서 활용하는가? 이미 큰 자를 활용하는가?'의 문제는 변증법적 사유를 통해 '스스로 크는 자를 뽑아 활용한다'로 전환될 수 있다. 과거 산업 시대는 훈련 방식으로 기능 인력화 또는 기술 인력화를 활용해왔지만, 지금은 시간도 돈도 넉넉지 않다. 여러 차례 말하지만 주 52시간 근로제의 한계를 극복하는 교육이 되어야 한다. 결국 양손잡이 인재 활용 방식으로의 전환이 중요하다. 우선 가능하면 채용으로 해결하고, 안 되는 분야는 양성으로 해결한다는 원칙을 세우는 것이 좋겠다. 파괴적 혁신을 통한 창조적 인재 양성이 필요하다. 전통적 교육 방식을 과감히 파괴함으로써 시대에 맞는 혁신적 인재 양성 방식으로 전환해야 할 시점에 이르렀다. 시간이 없다. 빨리 바꿔야 한다.

교육 전략 혁신

표준형 인재에서 개성 있는 인재로. 이 분야에서는 교육 목표의 변화가 요구된다. 21세기형 인재상이 변해가므로 기업마다 자사에 필요한 인재상을 새롭게 정립해야 한다. 다른 기업의 인재상에 연연하거나 눈치 볼 이유가 없다. 자기 인력은 자기가 키우는 것이다.

이런 의미에서 교육 전략은 전통적인 교육과 훈련 방식에서 학습과 성찰 방식으로, 다시 영감과 자극을 주는 쪽으로 이동해야 한다. 막연히 창의와 협동 및 헌신을 요구하던 종래의 교육 전략을 한계 돌파, 새로운 방법 개발, 소통하는 인간으로 바꿔야 한다.

교육 내용 혁신

현재는 교육 내용으로 주로 지식을 전달하는 교육이 지배적이다.

지식은 이미 인터넷에, 유튜브에 넘치게 많다. 내용을 교육하지 말고 방법을 교육하자. 지식이라는 고기를 주지 말고 학습 과정이나 방법론 등의 고기 잡는 방법을 알려주자. 예를 들어 인터넷, 스마트폰, 유튜브 같은 거대한 정보와 지식의 바다에서 어떻게 양질의 대어를 낚을 것인지 가르쳐주는 방식이다. 그것도 그 내용을 직접 만들려 하지 말고, 제일 잘할 수 있는 사람을 찾거나 불러서 맡겨라. 사정이 여의찮으면 온라인에서 최고의 정보 찾아내기 방법 경진 대회라도 열어서 사내의 집단 지성을 모으는 것도 방법이다. 방법은 찾으면 10가지, 100가지도 나온다. 안 된다고 생각하지 말고 시도하면 반드시 된다.

교육 방식 혁신

교육 방식에는 축적 방식과 파괴 방식이 있다. 학습자의 입장에서 보면 자기 지식의 강화 방식과 자기 지식의 파괴 방식이 있다.

일반적으로 '채움'에는 질문형, 토론형, 관찰형, 실험형 등의 방식이 유용하며 특히 집단 지성을 발휘하면 효과적이다. 따라서 기업의 교육은 모두 이런 방향으로 전환되어야 한다. 실제 활동을 통한 현장 적용 능력 배양learning agility, 즉 학습 순발력과 적용 순발력을 키워주는 교육도 추천할 만하다.

또 다른 방식으로 '비움'이 있다. 자기 지식 파괴, 고정관념 탈피out of the box, 익숙한 것과의 결별 등을 목적으로 한다. 사실 21세기를 사는 직장인은 정보와 지식의 과잉으로 너무 많이 알아서 탈이다. 사실 많이 알아서 탈이 날 것은 없지만 구식이거나 용도 폐기된 지식이 많다는 것이 문제다. 앨빈 토플러가 유효 기간이 지난 지식(압솔리지obsoledge)이라고 언급한 것이다.

그러면 어떻게 기존 지식으로부터 탈피할 수 있을까? 이것을 학습시켜야 한다. 명상, 자기성찰, 영적 각성(각오), 도덕적 재무장, 색다른 환경 제공으로 에너지 충전(스트레스로부터의 탈출 및 번아웃 방지 교육이 점점 더 중요해짐), 가치 충전 등을 하게 해주어야 한다. 기업은 이런 교육으로 패러다임이 전환되어야 한다. 종교적·철학적 접근도 필요하다. 우주나 인체에 대한 신비스러운 내용도 교육하면 좋다. 우주에 대한 지식을 넓히기 위한 소양 교육이 아니다. 이 거대하고 광활한 우주에서 먼지 같은 자신의 실체를 발견함으로써 편협한 자아, 부서끼리 서로의 작은 이해관계를 놓고 목숨 걸고 싸우는 어리석음 등을 깨닫게 해주어야 한다. 세상이 얼마나 넓은지 기존 생각의 틀을 깨뜨림으로써 사고를 리셋reset하고, 리부트reboot하고, 리프레이밍reframing하기 위함이다. 이 정도로 교육이 어렵다고 생각하면 안 된다. 과학기술이 우주와 뇌에 미치고 AI도 만들어내는 시대인데, 사람 생각 바꾸는 일에 그만한 노력도 하지 않으면 안 되지 않을까. 이 정도 일에서조차 지면 AI 시대에 인간이 설 자리는 점점 더 없어질 것이다.

'채우는 교육'에서 '비우는 교육'으로의 전환은 어쩌면 과거 '배움' 중심의 유가적 교육 방식에서 '비움' 중심의 도가적 교육 방식으로의 전환을 의미할지 모른다. 이 점에서 21세기 교육은 과거 성현의 지혜를 모두 동원해야 할 필요가 있다.

교육 환경 혁신

기업의 교육 환경을 바꾸어야 한다. 지금까지 우리는 한마디로 닫힌 환경에서의 교육을 해왔다. 합숙을 하든 집합을 하든, 심지어 온라인 교육도 주어진 사이트에서 주어진 기간 내에 주어진 내용을 모두 함께 배우는 방식이었다.

21세기는 열린 세상이다. 우주도 열리고, 가상 공간도 열리고, 시간도 열리고, 사람도 열려버렸다. 이제는 교육 또한 열려야 한다. 21세기의 직장인 학습자는 모든 것에 대해 자신의 배움이 열려 있어야 한다. '공부하는 인간', '학습하는 인간', '성장하는 인간'이 되어야 한다.

그러려면 무엇보다 개개인 스스로가 자신의 최적 학습 생태계 ubiquitous learning ecosystem를 구축해야 한다.

먼저 24시간 학습 체제 구축이다. 학습 시간을 확장해야 한다. 교육을 직장 집합 교육으로만 생각하면 한 달에 한 번 받기도 어렵다. 그렇게 교육받으면 1년이 지나도 성장이 없다. 학습 시간을 정형화된 교육 시간에서 일상생활로 확장해야 한다. 이것이 24시간 학습법이다. 아침에 일어나서 밤에 잠들 때까지 하는 활동이 모두 학습의 기회라는 생각을 갖는 것은 매우 중요하다. 대략의 무의식이 아니라 매우 강력히 의식해야 한다. 이를 위해 항상 필기나 녹음을 준비하고, 사진 촬영을 준비하고 있어야 한다. 학습의 기회가 언제 어떻게 다가올지 모르기 때문이다.

다음은 학습 공간을 확장하는 것이다. 연수원이나 강당 등 교육장에서 업무 현장으로, 더 나아가 먹고 마시는 일상의 생활 공간으로 확대해야 한다. 아울러 가상 공간에서의 미디어 학습을 생활화해야 한다. 영화, TV, 인터넷 등의 사이버 공간을 통한 학습이 일상화되어야 한다.

마지막으로 사람에 대해 열려 있어야 한다. 과거 우리는 교육을 훌륭한 교육자, 강사, 성현, 위대한 인물을 통해서 주로 받는 것으로 생각해왔다. 아니라고 하지만 실제로 그렇게 생각하는 사람이 여전히 많다. 그러나 21세기 지식정보 사회의 특징이 무엇인가? 정보를 가진 사람이 스승이라는 것이다. AI는 무엇을 의미하는가? 그것이 설령 기계라 할지라도 스승이 될 수 있다는 말 아닌가?

이렇듯 학습의 시간과 공간, 그리고 인간까지 열려 있을 때 개인의 학습은 극대화된다. 이러한 자가발전형 인재를 많이 확보한 기업은 경쟁력이 월등해지는 것은 물론 세계 최고 수준의 인재 집단으로 성장할 것을 확신한다.

강사와 스태프 능력 혁신

미안한 이야기지만 강사도 바뀌어야 한다. 어떻게 바뀌어야 하는가? 답하는 사람에서 질문하는 사람으로 그 역할이 바뀌어야 한다. 일종의 튜터링 개념이다. 현재의 교육자, 교사, 강사 모두 할 수 있는 능력이 있다. 습관이 안 되어 있거나 귀찮거나 하기 싫어서 안

할 뿐이다. 공부를 수십 년 이상 한 사람들이 왜 모르겠는가? 그러나 가르치는 사람만 바뀌어서 되는 일이 아니고 배우는 사람도 함께 바뀌어야 하기 때문에 생각보다 어렵고, 실패의 경험 또한 많아서 그냥 하는 것이다. 교수는 그냥 가르치고 학생은 그냥 배운다. 악순환이지만 고리를 끊기 어렵다. 교수든 학생이든 먼저 시작해야 한다. 그러면 바뀐다.

기업 내 교육 담당자는 오거나이저organizer, 코디네이터coordinator, 코치coach로 그 역할이 전환되어야 한다. 단순한 행정 처리자로 만족해서는 안 되고 스스로 역할을 바꿔야 한다. 그래야 교육 담당자도 비전이 생기고 미래가 생긴다. 오늘 편하면 내일이 괴롭다. 그리고 할 수만 있다면, 교육 담당자의 가장 중요한 역할은 과정 건축가이다. 과정 설계를 넘어서 교육 전체를 지휘하는 오케스트라의 지휘자 말이다. 어렵다고 이상적이라고만 생각하지 말고 연극 연출자처럼, 영화감독처럼, 오케스트라 지휘자처럼 생각하고 말하고 행동하자. 자신의 업무를 그렇게 확대하여 영역을 넓혀나가자. 엄밀히 말하자면 넓혀나가는 것이 아니고 원래 했어야 할 일을 하는 것이다.

전환기는 기회의 시기다. 평소에는 바꾸기가 어렵다. 본인의 노력만으로 안 되는 때가 많다. 그러나 전환기에는 어수선하다. 바뀌어야 한다는 분위기가 조성된다. 다만 어떻게 바뀌어야 할 줄을 몰라서 그냥 가는 것이다. 이때 새로운 판을 짜야 한다. 고민하고 시도하고 실패하고 알게 되어 안정시키면, 그것이 혁신이고 개혁이고 창조다.

개혁은 변화의 시기에 실행해야 한다. 평화기나 안전기에는 변화를 이끌어내기 어렵다. 이것은 혁신가의 기술이기도 하다. 교육분야도 마찬가지다. 기업 내 교육 담당자, HR 담당 임원, 최고경영자의 교육에 대한 패러다임 전환이 기업의 미래를 바꾸어놓을지도 모른다. '사람 경영'을 빼놓고 어떻게 미래 경영을 도모할 수 있겠는가?

자기 혁신 노트
작성법

우리는 모두 자신의 인생을 사랑한다. 사실 자기 인생만큼 소중한 것이 어디 있으랴! 누구나 자기 자신의 삶을 완성하기 위해, 다시 말해 성공적인 인생을 살기 위해 매일매일 최선을 다하고 있다. 그런데도 어떤 사람은 위대한 인생, 훌륭한 인생, 성공적인 인생, 가치 있는 인생, 행복한 인생을 사는 반면, 어떤 사람은 불행한 인생, 후회로 가득한 인생, 고통받는 인생, 우울한 인생, 불만으로 가득한 인생을 산다.

개인에게 주어진 인생의 조건은 동일하지 않다. 사람마다 부모, 재산, 외모, 건강, 성격, 재능, 관계, 하다못해 국가까지 다르게 태어난다. 때문에 인생을 동일한 잣대로 판단하고 평가하기는 어렵다. 그러나 주어진 조건을 (그것이 불리한 조건이든 유리한 조건이든) 최대한 자신의 성장과 발전, 행복과 성공에 이를 수 있도록 활용하고, 아울러 가능한 한 모든 환경을 활용하여 자기 인생을 자기 기준의 성공관에 맞도록 디자인하고 완성하는 것은 중요하다.

과연 우리는 성공적인 삶을 위해 인생을 어떻게 경영해나가야 할까? 그 한 가지 방법으로 자기 인생의 성공적 완수를 위한 자기 경영 노트를 준비하여, 지속적으로 기록하고 리뷰하고 관리해나가면 좋을 것이다. 앞서 말한 '변화의 5막극'이 프로세스이자 방법론이라면, 여기서 설명할 '자기 경영 노트'는 일종의 도구라 할 수 있다.

첫 번째 노트
'자기 분석 노트'

인생의 성공을 위해 준비해야 할 다섯 권의 노트 중 첫 번째는 바로 자기 분석 노트다. 나는 누구인가? 나는 다른 사람과 어떻게 다른가? 나는 얼마나 특별한 존재인가? 스스로를 소중히 여기는 차원을 넘어서, 독특하게 지어져 태어난 자신의 모습을 누구보다 온전히 이해하고 파악해야 한다. 왜냐하면 자기를 잘 알지 못하는 사람은 원하는 것이 무엇이든 결코 성공할 수 없거니와 사회적으로 올바른 쓰임을 받을 수도 없기 때문이다. 자신에 대한 이해가 불완전하므로 그릇된 목표, 그릇된 선택, 그릇된 행동으로 그릇된 결과를 만들어낸다.

가장 먼저 자기 스스로를 철저히 분석해야 한다. '자기 분석'은 다른 사람과 '구별된 나'를 발견하는 일이며, 10대부터 시작하여 평생 동안 '수시 점검'을 해야 한다.

첫째, 나를 모르면 남을 따라가게 된다. 〈미운 오리 새끼〉 이야기의 교훈이 무엇인가? 백조가 자신을 오리로 잘못 이해했기 때문에 그릇된 삶을 살고 있었던 것이다. 나 또한 스스로를 오리로 잘못 파악하고 있는 백조가 아닌지 의심해보아야 한다. '오리는 나쁘고 백조는 좋은 것인데 나를 나쁘게 생각하고 있다'는 단순한 차원이 아니라, 오리든 백조든 자신을 잘못 이해하고 있다는 점이 문제의 본질이다. 백조와 함께 살아가는 오리 또한 불행한 것이다. 우리가 스스로를 올바로 파악하지 못하면 어떤 일이 일어날까? 표준화된 보편적 인생 모델(사회적 일반 가치)을 따라가게 된다. 우리 누구나 자신의 인생을 소중히 생각한다. 창조적인 삶, 생산적인 삶, 나만의 독특한 삶을 소망한다. 그러나 자신을 정확히 알지 못하면 자신만의 삶을 살 수 없다. 인생의 퍼스트 무버가 되지 못하고 늘 다른 사람의 뒤를 쫓는 패스트 팔로어의 삶을 살게 되는 것이다.

둘째, 나 자신의 정체성과 독창성을 알아야 한다. 나는 누구인지, 이 땅에서 살아가는 동안 무엇을 하고 싶은지, 인생의 흔적으로 무엇을 남기고 싶은지 늘 생각해야 한다. 그것이 바로 '나다움'이며 특별한 존재로서의 자기 인식이다. 본인을 다른 사람과 구별하여 식별하게 하는 것으로, 마치 지문 같고 자신만의 생물학적 DNA 같다. 나만의 독창성과 정체성은 다른 사람들과 '다른' 사람으로서의 나를 이해하고 파악할 때 비로소 발견되는 소중한 보물이다. 모름지기 사람이 각기 다르다면 각자 다른 삶을 살아야 한다. 그것이 가치 있는 삶이다. 그러나 우리 현대인의 삶을 돌아보면 자신의 개성과 취향, 욕구에 관계없이 무언가 통일적이고 획일적인 삶의 패턴에서 자신을 소모하는 경우가 많다.

셋째, 철저한 자기 이해를 통해 인생의 방향을 설정해야 한다. 인생 방향을 어떻게 설정할까? 현재 설정한 인생 방향이 올바른지 어떻게 알 수 있을까? 인생 방향은 철저한 자기 이해를 바탕으로 설정되어야 한다. 나 자신이 누구인지 모르면 성공적 인생을 살아갈 확률이 적어진다. 실제의 나는 A라는 방향을 좋아하고 그 길이 옳다고 생각하는데, 그러한 자신의 취향과 관계없이 선택된 B라는 방향은 평생 그릇된 삶의 길이 되어 스스로를 불행하게 괴롭힐 것이다. 나는 인생을 무엇이라고 생각하는지, 나는 어디에서 와서 왜 살며 어디를 향해 가고 있는지, 도대체 왜 내가 이 땅에 태어났는지 제대로 인식하고 있어야 네 번째 파도를 제대로 된 방향으로 넘을 수 있다. 다가오는 네 번째 파도는 나 자신과 어떤 연관성이 있는지, 나는 어떤 능력으로 그 파도를 기회로 활용할 수 있을지 매우 구체적으로 생각해야 한다.

넷째, 나의 환경과 재능을 철저히 분석하여 노트에 정리해야 한다. 이것은 '나는 누구인가?'에 대한 추상적·개념적 답변이 아닌 매우 구체적인 정리가 되고, 이를 통해 자아 정체성의 확립이 이루어진다. 다음과 같은 항목이 반드시 포함되어야 한다.

- 나의 환경: 부모, 자녀, 경제 여건(빈부)
- 나의 주변 사람들: 스승, 선배, 친구, 그간 맺어온 사회적 관계
- 나의 인생 멘토는 누구인가?
- 나 자신이 잘하는 것, 좋아하는 것, 진짜 하고 싶은 것은 무엇인가?
- 나는 무엇을 정말 싫어하는가? 나는 무엇을 잘하지 못하는가?

다섯째, 내가 남과 다른 것을 생각해보자. 일종의 자아 종합검진이다.

- 신체와 외모: 모양과 생김새, 피부색, 목소리, 장애 기관 등
- 성격: 성품, 인격성, 기질, 성향
- 재능과 은사: 주특기, 특별히 잘하는 것
- 환경과 경험: 살아오면서 경험한 소중한 지적·정서적 자산
- 배움: 학교 과정이나 학원 등에서 배운 모든 지식과 기술
- 인간관계: 사회에서의 소중한 인맥, 인연, 인적 자산
- 영성: 정신세계에 대한 특별한 감각, 감수성, 통찰력
- 건강: 체질, 알레르기, 건강상 약점

이상을 조목조목 분석하고 정리하는 것은 자기 정체성과 독창성 발견에 꼭 필요한 일이다. 어린 시절부터 자신에 대한 연구를 누적해온 사람은 그만큼 인생을 성공적으로 살아갈 확률이 높아진다. "나는 무엇을 위해 태어난 사람인가?"라는 질문은 스스로에 대한 열등감, 자존감, 자신감이 농축된 핵심 질문이다. 세심히 관찰하고, 민감하게 반응하며, 수시로 점검하여 자신을 발견하는 일에 평생의 노력을 경주해야 한다. 위인은 모두 자기 분석과 자아 발견에 성공한 사람들이었음을 잊지 말자.

우리는 자신을 평생 알아가는 사람들이다. 50세가 되고, 60세가 되고, 70세가 되어서야 비로소 자신에 대해 알게 되는 것이 너무나도 많다. 평생 자신을 제대로 알지 못하고 죽는 사람도 많다. 자신에 대한 모든 것을 일일이, 세세히, 꼼꼼히 기록해야 한다. 그러면 자신감이 생긴다. 왜냐하면 노트를 하면 할수록 생각보다 자신이 상당한 자원을 가진 특별한 사람이라는 사실을 알게 되기 때문이다. 해보면 안다.

두 번째 노트
'자기 관리 노트'

두 번째 노트는 자기 관리 노트다. 초일류 인재가 되려면 먼저 자기 스스로를 관리할 수 있어야 한다. 자기를 관리하지 못하는 사람은 다른 사람을 이끌 수 없기 때문이다. 자신을 잘 알고 있는 사람만이 자신을 올바로 관리할 수 있다. 자신을 모르는데 무엇을 관리한다는 말인가?

자기 관리는 안정된 나를 위해 늦어도 20대부터 시작해야 하며, 1년 단위로 점검해야 한다.

첫째, 인생은 건축이므로 자기 관리는 인생 건축의 기초다. 자기 관리는 사회생활, 특히 직장 생활 초기에 꼭 해야 할 일이다. 왜냐하면 인생의 기초를 잘 다져놓아야 하기 때문이다. 성경에 나오는 산상수훈에서도 인생을 집 짓는 일에 비유하여, 모래 위에 지은 집과 반석 위에 지은 집의 차이를 설명한다. 자기 관리는 인생의 기반이며 주춧돌을 놓는 일과 같다. 자기 관리를 잘하면 삶이 건강하게 유지되어 어려움도 잘 극복해갈 수 있으므로 인생의 튼튼한 밑받침이 된다. 자기 관리는 인생의 베이스캠프에 해당한다. 세상 모든 것이 그렇지만, 관리하지 않으면 점점 나빠져서 결국은 망가진다.

둘째, 그렇다면 무엇을 관리해야 하는가? 그 대답의 핵심은 전인적 관리를 통해 구체적이며 체계적으로 접근해야 한다는 것이다. 자기 관리는 적어도 총 10대 영역으로 관리할 것을 추천한다. 개인적 관리 영역으로 ① 체력 관리, ② 지식 관리, ③ 감성 관리, ④ 의지력 관리, ⑤ 외모 관리, ⑥ 영성 관리가 있고, 사회적 관리 영역으로는 ⑦ 시간 관리, ⑧ 인맥 관리, ⑨ 기록 관리, ⑩ 이미지 관리가 있다. 이 모든 항목을 철저히 구분하여 하나씩 하나씩 체계적으로 관리해야 한다. 하나라도 빼놓으면 곤란하다. 어느 세부 항목이 부실해지면 자기 관리의 세부적 부실함이 생겨 어느 한순간에 괴로움을 당하게 될 것이다.

셋째, 주변의 훌륭한 사람들은 모두 자기 관리에 철저하다. 나의 것을 나의 것이 아니라고 생각한다. 훌륭한 사람들은 자신의 몸과 마음, 생각까지 공적 자원으로 여긴다. 훌륭한 가장은 자신의 몸을 가족의 것으로 여긴다. 자기 몸을 상하면 가족의 안위가 위협받는다. 그래서 철저한 관리를 통해 자신을 보호한다. 훌륭한 리더는 자신을 조직의 것으로 여기고, 애국자는 자신의 삶을 국가의 것으로 여기고, 세계적으로 위대한 성인이나 인물은 자신의 삶을 인류를 향한 것으로 여긴다. 그들은 자신을 누군가에게 받은 선물로 여기고 아끼며 잘 간수한다. 그런 각도로 자신을 바라볼 수만 있다면, 자신의 삶을 획기적으로 바꾸고 세상을 이롭게 만드는 인생으로 살아갈 수 있을 것이다.

넷째, 자기 관리 노트는 참으로 중요하다. 나는 과연 나 자신을 얼마나 잘 지킬 수 있는가? 자신에게 소홀한 사람은 조직에서도 큰일을 할 수가 없다. 자기를 잘 지키는 사람이 다른 사람도 잘 지킨다. 이 점에서 자기 관리는 인생간접자본life infrastructure이라고 할수 있다. 나를 지키지 못하면 무너진다. 훌륭한 업적과 성과를 이룬 사람들조차 자기 관리에 실패하면서 무너져가는 모습을 수없이 보아오고 있지 않은가. 정치가, 사업가, 스포츠맨, 연예인 등 지금도 수없이 매스컴을 통해 확인할 수 있다. 자기 관리가 인생의 힘이다.

한마디로 자기 관리는 스스로를 괜찮은 사람으로 만드는 작업이다. 자기 관리에 성공하면 주변으로부터 삶의 기본이 잘되어 있다는 평을 받으며, 직장에서도 신임과 신뢰를 얻는다.

다섯째, 철저한 자기 관리를 위해서는 위기의식과 긴장감을 유지한 채 항상 깨어 있어야 한다. 잠시 방심하면 한 방에 간다. 자기 관리는 기본이지만, 잠시라도 결핍되면 스스로를 공격하게 된다. 인생은 과학이다. 삶이야말로 인과관계가 명확하고 예측 가능하다. "뿌린 대로 거두리라."라는 말을 꼭 기억하자.

세 번째 노트
'자기 계발 노트'

우리는 끊임없이 스스로를 성장 및 발전시켜야 한다. 나는 계속 성장하고 있는가? 자기 그릇의 크기가 쓰임의 크기이고, 사명의 크기이며, 사회적 성공의 크기다. 세 번째 노트는 '커가는 나'를 확인하는 일이며, 늦어도 30대부터는 성장 노력과 함께 3년 단위로 반드시 점검해야 한다.

첫째, 모든 살아 있는 존재는 성장한다. 이는 창조의 법칙, 자연의 원리, 우주의 법칙이다. 성장이 멈추면 그때부터 퇴행이 일어나고 결국 소멸하게 된다. 따라서 살아 있는 것은 성장해야 한다. 성장하지 못한다는 것은 병들었음을 의미한다. 하지만 모든 성장은 고통을 수반한다. 이를 성장통이라고 한다. '고통이 없으면 얻는 것도 없다.' 한 알의 씨앗이 땅에 떨어져 썩어야 큰 열매를 맺듯이, 인간도 성장해 결실을 맺으려면 고통을 감내해야 한다.

둘째, 인생을 통해 우리는 끊임없이 자신을 성장시켜야 한다. 사회생활, 특히 직장 생활의 초·중기에는 계획적인 자기 계발을 시작하고 3년 단위로 자기 계발 계획을 점검해야 한다. 그렇게 한다면 인생의 모든 영역에서 비약적 발전을 이루고 사회 특정 분야의 최고 전문가로 성장할 것이다.

셋째, 우리는 태어날 때 이미 각자 최고의 재능talent과 은사gift를 선물로 받았다. 이는 너무나 확실한 창조의 원리이자 법칙이다. 그런데 왜 성공하는 인생과 실패하는 인생이 따로 있을까? 그 이유는 자신만이 가진 재능이나 은사 개발의 성공과 실패에 기인하는 바가 크다. 그래서 자기 재능에 대한 발견이 중요하다(자기 분석 노트). 우리가 가지고 태어난 종합 역량을 최대한 개발해야 한다. 자신에게도 좋고 사회 공동체에도 좋은 일이다. 자신이 가지고 있는 지식 개발, 기술 개발, 태도 개발을 통해 우리는 사회에 꼭 필요한 인물로, 사회가 소중히 여기는 인물로 거듭날 수 있다.

넷째, 자신이 가장 잘하는 것으로 승부하라! 나만의 핵심 역량을 연마하자. 용도 없이 무엇을 만드는 일은 없다. 모든 도구에는 쓰임이 있다. 이 땅에서의 우리 삶도 모두 쓰임이 있다. 이를 우리 스스로 사명이라 말한다. 우리 모두 각자의 사명을 이루기 위해서는 능력을 필요로 한다.

우리 모두에게는 강점이 있고 약점도 있다. 강점은 더욱 강하게, 약점은 노출되지 않도록 보완해아 한다. 그래서 자기 계발은 크게 두 가지 전략으로 나눌 수 있다. 강점 강화 전략과 약점 보완 전략이다. 예를 들어 우리가 공부할 때 잘하는 과목이나 주된 득점 과목이 있듯이 재능에도 주특기가 있다. 이를 지속적으로 개발하여 최고의 필살기로 연마한다면 크게 쓰임을 받지 않겠는가?

다섯째, 자기 계발의 영역에는 어떤 것이 있을까? 기본적으로는 외국어(글로벌), 정보화(스마트)가 있겠다. 기술 방면으로는 전문가 자격증이 있겠고, 공부 영역에서는 학업이나 학위를 취득하는 것도 있겠다. 소양과 품성 방면으로는 독서로 지식을 폭넓게 하고 여행으로 경험을 풍부하게 하는 것 또한 훌륭한 자기 계발이다. 인격적으로는 언言·행行·심心·사思·모貌, 즉 말과 행동, 마음가짐, 생각, 그리고 외형적 모습에 이르기까지 스스로를 가치 있게 만들 수 있다.

4차 산업혁명 시기에 공부해야 할 것 또한 많이 있다. 새롭게 다가오는 미래 세계가 필요로 하는 시대적 사명을 감당하기 위해 꼼꼼히 챙겨서 자기 계발 노트에 기록하고 점검해야 한다.

네 번째 노트
'자기 혁신 노트'

때가 이르면 자기를 완전히 혁신해야 한다. 아무리 자신을 철저히 분석하여 잘 파악하고 있고 스스로를 잘 관리하며, 매일 매순간 자신을 꾸준히 개발 및 성장시키고 있더라도 꼭 필요한 또 하나의 노트가 있다. 바로 자기 혁신 노트다.

인생을 살다 보면 큰 위기의 순간들이 찾아온다. 세상이 급격히 변할 때, 또는 삶이 크게 흔들릴 때 자기 혁신이 필요하다. 나는 인생의 고비마다 극복하고 일어설 수 있는가? 인생 변화의 시기에 올바로 변신하지 못하면 한때의 영광이 물거품처럼 사라진다. 늦어도 40대부터는 시작하고, '변화된 나'와 '자기 변신'을 시도해야 한다. 자기 혁신은 매 10년 단위로 점검해야 한다.

첫째, 인생을 살면서 자기 혁신의 때를 알아야 한다. 인생에는 때가 있다. 인생길은 줄곧 평탄할 수도 있지만 험하고 넘기 어려운 고비를 겪기도 한다. 인생에서 강도를 만난 것 같은 상황이다. 그런 때를 맞으면 스스로를, 과거를, 가족을, 직장을 떠나야 한다. 인생에서 떠나야 할 때는 떠나야 한다. 이때가 바로 자기 혁신의 시기이며, 제때 떠나지 못하면 처참한 말로에 이를 수 있다.

둘째, 인생에서 때가 이르는 것을 알아야 한다. 사회생활(직장생활)을 하다 보면 반드시 변신을 해야 할 때가 온다. 특히 성공적인 인생을 살려면 최소 10년 단위로 변신하는 훈련을 거듭해야 한다. 직장 생활을 통해 10년 주기로 실무자에서 관리자로, 관리자에서 경영자로, 다시 최고경영자로 변신을 거듭하게 된다. 이러한 변신의 기회가 바로 자기 혁신의 시점이 된다.

셋째, 인생의 폭풍이 닥쳐올 때에도 자기 혁신을 해야 한다. 살다 보면 인생의 폭풍우가 몰아칠 때가 있다. 이때는 기존 방식만으로 주어진 난관을 돌파할 수가 없다.

넷째, 인생에서는 연극처럼 반전의 시기가 반드시 온다. 이 반전의 시기, 전환의 시기를 역전의 시기로 만들어야 한다. 전환의 시기가 바로 역전의 시기다. 역전하지 못하면 역전된다. 전환기가 변신기다. 변화의 시기에는 변신하라.

다섯째, 세상의 변화에 대한 적응과 변신을 통해 새로운 진로를 모색해야 한다. 21세기 환경은 대략 10년을 주기로 급변하는 양상을 보이고 있다. 변화 10년 주기설이다. 10년마다 정치·경제·사회·문화적 양상이 급격히 변한다. 이 시대의 사람들은 10년마다 자기 혁신을 통해 새로운 인생을 살아야 한다.

자기 혁신의 시기는 새로운 사명이 주어지는 시기이기도 하다. 그것이 사회적 사명이든 가족적 사명이든 개인적 사명이든, 사명이 부를 때는 반응해야 한다. 이때 혁신하지 않으면 도태된다. 변신하지 않으면 변질되기 때문이다. 그렇기 때문에 자기 혁신의 시기는 사실상 인생의 위기인 셈이다.

자기 혁신은 인생의 변곡점을 맞는 자세와 태도에 달렸다. 여기서 실패하면 잘나가던 사람도 무너질 수 있기에, 이러한 시기를 현명하고 슬기롭게 넘겨야 할 것이다.

다섯 번째 노트
'자기 창조 노트'

인생의 궁극적 목표는 자기 창조다. 스스로 생각하기에 온전한 나로 자신을 완성시킬 수 있는가? 인생의 완전한 성공은 자기 자신을 창조적으로 완성해가는 것이다.

자기 경영의 마지막 5단계는 자기 창조다. 인생의 완성이 가까워지는 50대부터 시작하고, '새로운 나'와 '완성된 나'를 만들어가는 작업이다. 30년 단위로 점검해야 한다.

첫째, 우리는 후회 없는 인생을 살아야 한다. 자기 경영의 최종 목표는 자아 완성이다. 온전히 새로워진 나를 경험하는 것이다. 은퇴 후에 자기 인생을 돌아보며 "다시 살아도 다르게 살 수 없었을 것이 바로 나의 인생이었다."라고 고백할 수 있다면, 결코 후회 없는 인생이자 제대로 산 인생이었을 것이다. 사도 바울은 자신의 인생을 돌이켜 "나의 달려갈 길을 마치고 (…) 의義의 면류관을 받으리."라고 했다.

둘째, 우리 모두 자기 인생을 완성하자. 이는 인생 건축의 완성이자 자기 인생의 완공 단계를 말한다. 인생 전체 그림의 완성이자 위대한 작품의 완성이다. 내 인생의 새로운 왕국을 만들자.

셋째, 인생이란 한 편의 각본 없는 드라마다. 연극이 끝나고 난 뒤 당신은 자신을 돌아보게 될 것이다. 인생이 한 폭의 그림이라면, 과연 내가 그리고자 한 그림을 그렸는가? 인생이 한 자락의 춤사위라면, 내가 추고자 한 춤을 추었는가? 인생이 한 편의 문학 작품이라면, 내가 쓰고자 한 이야기를 담아냈는가?

넷째, 자기 창조는 끝(완성)이자 새로운 시작이다. 자기 창조는 일종의 졸업을 의미한다고 할 수 있다. 그러나 어느 면에서는 다시 시작이다. 끝은 시작이다. 모든 것을 새롭게 만든다. 나는 그러나 세계의 변화, 인류의 역사, 인간의 삶에 조그만 흔적을 남겼을 뿐이다. 스티브 잡스는 우주에 흔적을 남기라고 했다. 잡스가 자신의 삶을 통해 문명의 도구인 스마트폰을 남겼듯이, 우리도 이 땅에 무엇인가 남기고 떠나야 한다. 당신은 무엇을 남길 것인가?

인생은 장기 레이스다. 그래서 인생을 마라톤에 비유하기도 한다. 마라톤에서는 일단 완주하는 것이 중요하다. 완주하려면 구간마다 페이스를 잘 조절해야 한다. 페이스 조절에 실패하면 인생에 실패한다. 인생의 승부는 제일 마지막 순간에 난다. 그러므로 인생의 마지막 골인 지점까지 지치지 않는 것이 중요하고, 멈추지 않는 것이 중요하고, 포기하지 않는 것이 중요하다. 인생의 마지막 순간 스스로에게 '잘했다' 칭찬받는 것이 중요하다.

화살같이 날아가는 것이 인생이다. 하루가 천년같이 지나가고 천년이 하루같이 지나간다고 했다. 인생 또한 한순간에 획 지나가

버린다. 성경에서는 "우리의 연수가 칠십이요 강건하면 팔십"이라 했는데, 지금은 100세 시대다. 그래도 촌음을 아끼자. 되돌릴 수 없는 인생이다. 오늘학學, 지금학, 순간학, 미래학을 고민하여 하루하루를 마지막 날처럼 살자. 카르페 디엠Carpe diem. "우물쭈물하다 내 이럴 줄 알았지."라는 말은 남기지 말자. 내가 지금 알고 있는 것을 그때도 알았더라면 지금이 달라졌을 것이다. 오늘이 내 삶의 '전환점big change'이 되기를 간절히 소망하며 살아가야 한다

기업도 조직도
결국 사람이다

경영은 결국 미래다. 2020년은 코로나19와 치열하게 싸운 한 해로 기록될 것이다. 그리고 새로운 10년은 다시 '포스트 코로나', 미래 생존을 위한 초읽기 경쟁이 한층 가속화할 것이다. 분명한 것은 오로지 코로나 문제에만 함몰되어서는 안 된다는 것이다. 코로나 이후에 펼쳐질 사회의 본질을 짚어야 한다. 이전과 이후before and after 차원의 단순 논리는 설명하기가 좋다. 그러나 미래는 생각만큼 그렇게 단순하게 다가오지 않고 역사 또한 그렇게 단순히 이분법적으로 흘러가지 않는다. 다만 사람들이 이해하기 쉽게 편의적으로 설명하는 것일 뿐이다. 경영은 미래이고, 현재는 실행이 중요하고, 과거는 기억하여 잘 정리되어야 한다. 그러므로 미래는 준비하는 자가 이긴다. 먼저 준비하는 자가 이기고, 많이 준비하는 자가 이긴다. 그런 의미에서 기업이나 조직, 심지어는 개인까지도 다음의 3가지를 준비해야 한다.

첫째, 각 조직은 기업 이념과 경영 철학, 즉 자신이 왜 존재하는가에 대한 질문과 대답을 명확히 하는 일에서 출발해야 한다. 미래 전략을 짜기 전에 기업 이념에 대한 질문을 스스로 던져야 한다. 우리는 기업을 왜 하는가, 현재 사업은 이 시대가 필요로 하는 비즈니스인가, 우리를 지켜보는 고객은 누구인가, 그들을 어떻게 행복하고 그들의 삶의 질과 격을 높여줄 것인가, 사회에는 어떤 방식으로 기여하는가, 우리 기업이 없으면 어떻게 되는가 등등. 세상의 요란한 잡음에 휘둘리지 말고 스스로 새 시대를 맞이하는 자기 철학과 신념, 그리고 가치 체계를 새롭게 다져나가야 한다. 적어도 10년은 흔들리지 않을 철학 말이다.

둘째, 모든 경영 시스템을 디지털 트렌스포메이션digital transformation의 차원에서 조기 전환에 집중적으로 노력해야 할 것이다. 인공지능, 빅데이터, 사물인터넷, 바이오, 헬스케어, 그리고 인간의 뇌까지 접목되어 완전히 다른 세상으로 변모하는 과정에서 경영 전략 또한 새로운 패러다임에서의 경쟁적 주도권을 놓치면 안 된다. 이 분야에 승부수를 던지는 전략적 전개를 주문하고 싶다. 그렇다면 어떻게 준비해야 할까? 시작은 시나리오 경영이다. 언택트 시대, 비대면, 비접촉의 호들갑이 사라진 뒤에 사람들은 다시금 제자리로 돌아갈 것인가? 그전과는 완전히 달라져 있을 것인가? 미래에 대해서는 남보다 더 멀리 보고, 더 빨리 준비를 마쳐야 한다. 인공지능은 당연히 가속화될 것이다. 따라서 인공지능사회를 준비해야 한다. 코로나가 남긴 언택트 사회, 비대면 사회 모두 인공지능 사회와 크게 중첩되어 있기 때문이다.

다음 단계에서는 종합적이고 체계적인 분석이 필요하다. 다양한 전략 모델이나 미래 예측 방식을 활용하여 최대한 넓고 깊이 분석해보아야 한다. 하지만 이는 복잡해서는 안 되며 단순화simplify 해야 한다. 복잡하면 설명이 쉽지 않아 설득이 어렵고 결국 실행에서 실패한다. 대중의 실천과 생활화를 위해서는 조직 내 필요한 모든 사람들과 공유되고 설득되어야 한다.

마지막 셋째는 이 책의 핵심 주제인 사람 경영에 관한 것이다. 굳이 다르게 표현하자면 휴먼 트랜스포메이션human transformation 이다. 시종일관 강조하거니와 기업도 조직도 결국 사람이다. 모든 것이 기계화, 지능화, 생태화되는 과정에서 인간다움과 창의성을 확보하기 위한 종합 전략이 필요할 것이다. 인간의 감성, 직관, 야성과 영성, 그리고 인본적 가치관에 대한 깊은 성찰과 사유가 결실을 맺어 미래 사회의 인간적 주도권을 지속적으로 확보하는 것이 또 하나의 핵심 경영 전략이 될 것이다.

미래는 사람이다. 사람의 변화는 미래의 변화이다. 사람이 변하지 않으면 미래도 변하지 않는다. 경영은 미래이고 미래는 사람이기 때문이다. 세상도 문명도 사회도 국가도 기업도 가정도 개인도 모두 사람이다. 누가 미래를 구할 것인가. 누가 이 세상을 구원할 것인가. 누가 코로나를 정복할 것인가. 모두 사람이다. 따라서 미래형 인재를 키우는 데 주력해야 한다.

"새로운 10년의 주도권을 누가 잡을 것인가." 또 다른 인재 전쟁의 시작이다. 전 세계가 미래형 인재를 키우기 위해 총력을 기울이고 있다. 피카소는 훌륭한 예술가와 위대한 예술가를 다음과 같이 구분했다. "훌륭한 예술가는 가까운 곳에서 베끼고 위대한 예술가는 멀리서 훔친다." 스티브 잡스도 말했다. "베끼지 말고 훔쳐라!" 우리는 지금까지 유럽, 미국, 일본 등 선진국의 인재 양성 전략과 제도들을 베끼면서 성장해왔다. 전 세계 선진 국가, 초일류 기업, 위대한 인물들이 만들어낸 시대정신과 인재 양성 철학들을 종합하여 이제는 우리 나름의 사람 키우기 방식을 통해 또 한 번의 신화를 만들어낼 때다. 미래 인재 전쟁의 카운트다운은 이미 시작되었다.

기업도 조직도 결국 사람이다

인재의 반격

2020년 10월 26일 초판 1쇄 | 2021년 10월 28일 8쇄 발행

지은이 신태균
펴낸이 김상현, 최세현 **경영고문** 박시형

디자인 섬세한 곰
마케팅 양근모, 권금숙, 양봉호, 임지윤, 이주형, 신하은, 유미정
디지털콘텐츠 김명래 **경영지원** 김현우, 문경국
해외기획 우정민, 배혜림
펴낸곳 (주)쌤앤파커스 **출판신고** 2006년 9월 25일 제406-2006-000210호
주소 서울시 마포구 월드컵북로 396 누리꿈스퀘어 비즈니스타워 18층
전화 02-6712-9800 **팩스** 02-6712-9810 **이메일** info@smpk.kr

ⓒ 신태균 (저작권자와 맺은 특약에 따라 검인을 생략합니다)
ISBN 979-11-6534-242-5 (03320)

쌤앤파커스(Sam&Parkers)는 독자 여러분의 책에 관한 아이디어와 원고 투고를 설레는 마음으로 기다리고 있습니다. 책으로 엮기를 원하는 아이디어가 있으신 분은 이메일 book@smpk.kr로 간단한 개요와 취지, 연락처 등을 보내주세요. 머뭇거리지 말고 문을 두드리세요. 길이 열립니다.